KB265380

존 로크

시민정부

존 로크
시민정부

존 로크 지음

남경태 옮김

효형출판

일러두기

존 로크의 《통치론Two Treatises of Government》은 두 개의 논문으로
구성되어 있다. 이 책은 그중 〈제2론The Second Treatise: 시민정부의
참된 기원, 범위, 종말에 관하여An Essay Concerning the True Original, Extent,
and End of Civil Government〉를 우리말로 옮긴 것이다.

서문

1 앞의 논의(왕권신수설을 논박한 로크의 첫번째 논문: 옮긴이)에서 밝혀진 것은 다음과 같다. 흔히 생각하는 것과 달리 아담은 아버지의 자연권으로 자식에게 권한을 행사할 수 없고 신에게 받은 명시적인 권리로 세계를 지배할 수도 없다. 설령 아담이 그 권리를 가졌다고 해도, 그의 상속자들은 그렇지 않다. 설령 그의 상속자들이 그 권리를 가졌다고 해도, 생각할 수 있는 모든 경우에 맞게 올바른 상속자를 결정하는 자연법이나 신의 명시적인 법은 없으므로 계승권, 즉 지속적인 지배권은 확고하게 결정할 수 없다. 설령 그 권리가 결정되었다고 해도, 아담의 후손들 가운데 과연 누가 맏이의 혈통인지는 이미 오래전에 불분명해졌으므로 세계의 여러 종족과 가문들 가운데 누가 더 앞선다거나 맏이의 가문으로서 상속권이 있다고 주장할 수는 없다.

이 전제들을 명확히 설명한 이상, 이제부터 지구상의 지배자들은 모든 권력의 원천이라고 간주되는 '아담의 사적 지배권과 세습 권력'으로부터 어떤 이득도 얻어낼 수 없고 어떤 권위도 끌어낼 수 없다. 그러므로 세계의 모든 정부가 오로지 무력과 폭력의 산물이라는 것, 인간이 살아가는 규칙도 강자가 독점하는 짐승의 규칙과 다르지 않다는 것을 받아들이지 않으려면, 그리하여 항구적 무질서, 재난, 혼란, 폭동, 반란(전부 그 가설의 추종자들이 소리 높여 반대하는 것들)의 토대를 놓지 않으려면, 지금까지 로버트 필머Robert Filmer(아담이 최초의 왕이며 찰스 1세가 아담의 자손이라고 주장한 영국의 절대주의 이론가로, 로크가 첫번째 논문에서 논박한 인물: 옮긴이)가 우리에게 가르친 것과는 다른 정부의 발생, 다른 정치권력의 기원, 권력자를 만들어내고 이해하는 다른 방식을 반드시 찾아내야 한다.

2 그러려면 정치권력이 잘못 정의되어서는 안 된다. 백성을 다스리는 권력은 아버지가 자식에게, 주인이 하인에게, 남편이 아내에게, 노예주가 노예에게 행사하는 권력과 다르다. 때로는 그 여러 가지 권력들이 한 사람에게 몰려 있을 경우도 있다. 그 사람이 그렇게 다양한 관계에 얽혀 있다면, 우리는 그 권력들을 서로 분리하고 국가의 지배자, 가문의 아버지, 함선의 선장이 각기 다르다는 점을 보여주어야 한다.

3 그래서 나는 정치권력이란 법을 만드는 권리라고 생각한다. 사형을 포함한 각종 형벌을 정하는 법, 재산을 통제하고 보호하기 위한 법, 그런 법들을 집행하고 외국의 위해로부터 국가를 방어하는 데 공동체의 무력을 이용하기 위한 법을 제정하는 것이다. 그 모든 것의 목적은 공익에 있어야만 한다.

차례

자연 상태에 관하여

4 정치권력을 올바로 이해하고 그 기원을 파악하려면 모든 인간이 자연적으로 처한 상태가 어떤 것인지 알아야 한다. 자연 상태란 완벽한 자유의 상태를 말한다. 누구나 다른 사람의 허가를 구하거나 남의 의지에 종속되지 않고 자연법의 테두리 안에서 스스로 자신의 행동을 규제할 수 있고 마음대로 자신의 재산과 신체를 처리할 수 있는 상태다.

자연 상태란 또한 평등 상태다. 모든 권력과 사법권이 호혜적이며, 어느 누구도 다른 사람보다 큰 권력을 갖지 못한다. 인간은 모두 종種과 신분이 같은 채로 평등하게 태어나 자연의 같은 이점과 같은 기능을 이용하면서 살아가므로 누구도 남에게 예속되거나 종속되지 않고 동등해야 한다는 것은 지극히 자명한 사실이다. 다만 세상 만물의 주인인 신은 자신의 의지를 명시적으로 천명해 한 사람을 다른 사람들보다 우위에 놓고, 명백하고 명확한 임명을 통해 그에게 확고한 지배권과 종주권을 부여하기도 한다.

5 후커Hooker(16세기 영국 국교회의 사제인 리처드 후커를 가리킨다: 옮긴이)는 인간의 자연적 평등을 그 자체로 자명하고 확실하게 여긴다. 그에 따르면 그것은 우리가 서로 사랑해야 하는 의무의 바탕이고, 우리가 서로에게 가진 책임의 토대이며, 정의나 박애와 같은 중요한 교훈의 원천이다. 그의 말을 들어보자.

인간은 서로 비슷한 자연적 유인으로 인해 남들을 자신 못지않게 사랑하는 것이 의무임을 알게 되었다. 동등함을 알기 위해서는 모두가 한 가지 공통의 척도를 가져야 한다. 누구나 자기 마음속에서 바라는 것만큼 모두의 손에도 선善이 고루 돌아가기를 바라지 않을 수 없다. 그렇다면 나 자신이 다른 사람에게도 틀림없이 존재하는 똑같은 욕망을 세심하게 충족시켜주지 못하는데, 어떻게 내가 내 욕망을 충족시키기를 기대하겠는가? 남들의 그 욕망이 충족되지 않는다면 남들과 내가 똑같이 괴로워야 한다. 만약 내가 남에게 해를 가한다면 나도 그렇게 당할 것을 예견할 수밖에 없다. 남들이 내게서 받는 사랑보다 더 큰 사랑을 내게 보여주어야 할 이유는 없다. 그러므로 내가 동료들의 사랑을 최대한 받고 싶은 자연적 욕망을 가지고 있다면, 내게는 동료들에게 똑같은 애정을 보여야 하는 자연적 의무가 주어진다. 이러한 남과 나의 평등한 관계로부터 자연적 이성은 삶을 영위하기 위한 누구나 아는 몇 가지 규칙과 법규를 이끌어냈다.

6 하지만 그가 말하는 것은 자유 상태이지 방종 상태가 아니다. 자유 상태의 인간은 자신의 신체나 재산을 마음대로 이용하는 자유를 누리지만, 그렇다고 해서 자기 자신이나 자기 재산에 속하는 다른 생명을 파괴할 자유를 지니지는 않는다. 다만 단순히 생명을 보존하는 것보다 더 고결한 용도가 있을 경우에는 예외다. 자연 상태는 자연법의 지배를 받으며, 자연법은 모든 사람에게 적용된다. 자연법의 근간을 이루는 이성은, 이성에 의지할 수밖에 없는 전 인류에게 동등하고 독립적이므로 누구도 남의 생명, 건강, 자유, 재산상의 피해를 주어서는 안 된다고 가르친다. 인간은 유일하고 전능하고 지극히 현명한 조물주의 피조물이기 때문이다. 모두가 한 주인을 섬기는 하인이며, 주인의 명령과 용무에 의해 이 세상에 왔다. 인간은 조물주의 소유물이자 피조물이며, 다른 누구도 아닌 조물주가 원하는 동안만 존속하게 되어 있다. 모두들 비슷한 기능을 가지고 하나의 자연 공동체를 공유하므로, 누가 다른 사람을 파괴하는 권한을 가지는 종속 관계는 생각할 수 없다. 하등 생물이 우리에게 이용되는 것처럼 우리가 서로에게 이용될 수 있는 종속 관계 같은 것은 없다. 모두가 자기 자신을 보

호해야 하며, 자신의 지위를 강제로 빼앗기면 안 된다. 마찬가지 이유에서 우리는 자신의 보호가 달려 있는 경우가 아니라면 타인을 보호할 수 있을 뿐 아니라 보호해야만 한다. 또한 범죄자를 응징하는 경우가 아니라면 타인의 목숨을 빼앗지 말아야 하며, 타인의 생명, 자유, 건강, 신체, 재물을 보호해야 한다.

7 모든 사람이 타인의 권리를 침해하지 않고, 서로 위해를 가하지 않고, 자연법을 준수하면 전 인류의 평화와 보호를 보장할 수 있다. 이 상태에서는 모두가 자연법을 집행한다. 즉 자연법을 위반하는 사람에게 다시는 그런 짓을 하지 못하도록 징벌을 가할 수 있다. 세상의 모든 법이 그렇듯이, 자연법도 자연 상태에서 그 법을 집행할 권력을 가진 사람이 없다면 무고한 사람을 보호하고 위반자를 제재하지 못하므로 아무 소용이 없을 것이다. 만약 자연 상태에서 누가 악을 저지른 사람을 징벌할 수 있다면, 모두가 그럴 수 있어야 할 것이다. 그런 완벽한 평등 상태라면 당연히 누가 누구보다 우월하거나 더 큰 권한을 가지지 않기 때문이다. 누구나 자연법을 집행하기 위해서는 모두가 그럴 권리를 가져야 한다.

8 이리하여 자연 상태에서는 "한 사람이 다른 사람을 지배하는 권력을 얻게 된다". 그러나 범죄자를 잡았다 해도 함부로 열정과 의지에 의해 절대적이거나 전횡적인 권력을 행사해서는 안 된다. 범죄자에게는 냉철한 이성과 양심

의 명령에 따라 법을 어긴 정도에 비례하는 징벌을 가해야
한다. 징벌은 배상과 구속을 위한 것이다. 이 두 가지는 한
사람이 합법적으로 타인에게 위해를 가해도 되는 유일한
근거인데, 우리는 그것을 형벌이라고 부른다. 자연법을 위
반하는 사람은 신이 상호 안전을 위해 인간의 행동에 설정
한 기준인 이성과 공정성에 따르지 않고 다른 규칙에 따라
살겠다는 의지를 밝힌 것이나 다름없다. 그래서 그는 인류
에게 위험해진다. 그는 인류를 위해와 폭력에서 지켜주는
끈을 경멸하고 끊어버린다. 그것은 인류 전체를 위협하고
자연법이 주는 평화와 안전을 침해하는 행위다. 이 때문에
모든 사람은 인류 전체를 보호해야 하는 권리에 따라 인류
에게 유해한 것들을 억제하거나 필요에 따라 파괴할 수도
있으며, 자연법을 위반한 사람에게 그 행동을 뉘우치도록
하기 위한 위해를 가할 수 있다. 그런 식으로 그가 비슷한
악행을 범하지 못하도록 방지하고, 그의 사례를 통해 다른
사람들에게 경고하는 것이다. 이런 근거에서 "모든 사람은
범죄자를 징벌하고 자연법을 집행할 권리를 가진다".

9 어떤 사람들에게는 이 견해가 아주 이상하게 보일 것
이다. 그러나 비난하기에 앞서 내게 한번 설명해보라. 어
떤 군주나 국가가 자기 나라에서 범죄를 저지른 외부인을
사형에 처하거나 징벌할 수 있는 것은 무슨 권리인가? 공
표된 입법기구의 의지에서 나온 인가에 뿌리를 둔 그들의
법은 분명 이방인에게는 미치지 않는다. 그에게는 법이 적

용되지 않으며, 설령 적용된다 해도 법에 구속되지 않는다. 법의 힘은 그 국가의 국민에게 미칠 뿐 그에게는 효력이 없다. 영국, 프랑스, 네덜란드에서 법을 제정하는 최고 권력을 가진 사람들일지라도 인디언이 보기에는 나머지 세계와 마찬가지로 권한이 없는 사람들일 뿐이다. 그러므로 자연법에 의해 모두가 법의 침해를 징벌할 권력을 가지고 냉철하게 판단하지 못한다면, 어떤 공동체의 위정자 magistrate(행정과 사법을 함께 가진 직위를 뜻하는데, 로크의 시대에는 아직 삼권분립이 확실하지 않았으므로 이 용어를 썼다: 옮긴이)가 어떻게 외국인을 징벌할 수 있겠는가? 위정자라고 해도 외국인과 관련해서는 누구나 자연적으로 타인에게 행사하는 것보다 더 큰 권력을 가질 수는 없기 때문이다.

10 법을 위반하고 이성의 올바른 규칙에서 벗어난 사람은 타락한 것이며, 인간 본성의 원칙을 버리고 유해한 피조물이 되기로 공언한 것이다. 이것은 죄악일 뿐 아니라 어떤 사람에게는 위해를 가하고 또 어떤 사람에게는 피해를 준다. 그럴 경우 피해를 입은 사람은 누구나 가지는 공통적인 징벌의 권리 이외에도 피해를 준 사람에게서 배상을 받아낼 특별한 권리를 가진다. 그것을 정당하게 여기는 다른 사람도 피해를 입은 사람과 뜻을 같이하고, 그가 법을 위반한 사람에게서 손해를 보상받을 수 있도록 돕는다.

11 여기서 두 가지 권리가 나온다. 하나는 범죄를 징벌로 제재하고 비슷한 죄를 예방하는 것인데, 이 징벌의 권

리는 모두에게 있다. 다른 하나는 배상을 받아내는 것인데, 이 권리는 피해를 입은 측에게만 있다. 위정자는 위정자의 자격으로 일반적인 징벌의 권리를 가진다. 법의 집행이 공익에 맞지 않을 경우 위정자는 죄인의 징벌을 경감해줄 수도 있으나 피해자가 입은 피해에 대한 배상을 줄여줄 수는 없다. 피해자는 자신의 이름으로 청구할 권리가 있으며, 이때 배상을 경감해줄 수 있는 사람은 오로지 피해자뿐이다. 피해자는 범죄자의 재물이나 노역을 전유할 권리가 있다. 그것은 자위권이다.

모든 사람은 "전 인류를 보호하는 권리에 의해" 죄를 징벌하고 범죄의 재발을 예방할 권력이 있으며, 그 목적을 위해 모든 합리적 조치를 취할 수 있다. 그래서 모든 사람은 자연 상태에서 살인자를 살해할 수 있는 권리를 가진다. 그 목적은 두 가지다. 한편으로는 그 행위에 대한 본보기로 징벌을 가함으로써 누구도 아무런 배상 없이 그와 비슷한 위해를 가하지 못하도록 억제하고, 다른 한편으로는 신이 인간에게 부여한 이성이나 일반적 규칙과 기준을 거부하면서 부정한 폭력과 살육을 저지르고 전 인류에게 선전포고를 하는 범죄로부터 인간을 보호하기 위함이다. 범죄자는 사자나 호랑이처럼 처리해도 된다. 그런 사나운 야수와 함께한다면 인간은 사회를 이룰 수도 없고 안전을 도모할 수도 없다. 바로 이것이 위대한 자연법의 토대를 이룬다. "다른 사람의 피를 흘리면 그 자신도 피를 흘릴 것이니.” 카인은 누구나 그런 범죄자를 없앨 권리를 지닌다고 확신한 나머지 동생을 죽인 뒤 이렇게 외친다. “무릇 나를 만나는 자마다 나를 죽이려 할 것이다.” 이렇게 그 법은 인간의 마음속에 분명하게 각인되었다.

12 똑같은 이유로, 인간은 자연 상태에서 그 법의 사소한 위반도 징벌할 수 있다. 사형까지도 가능한가 묻는 사람이 있을 것이다. 법의 위반에 대해서는 정도에 따라 징벌을 가한다. 범법자가 잘못을 깨닫기에 충분할 만큼 가혹해야 하며, 그에게 후회할 근거를 주는 한편, 다른 사람들도 그런 짓을 하지 못하도록 겁을 주어야 한다. 자연 상태에서 있을 수 있는 모든 범죄는 국가에서처럼 자연 상태에서도 동등한 징벌을 받는다. 징벌의 기준까지 자연법의 세세한 부분으로 들어가는 것은 나의 현재 목적에서 벗어나지만, 그런 법은 분명히 존재하며, 합리적인 사람이나 법 연구가에게는 국가의 실정법만큼이나 명료하고 이해하기 쉽다. 말로 표현된 모순되고 숨겨진 이해관계를 따르는 인간의 공상과 복잡한 음모보다 이성이 더 명확하고 알기 쉬운 것과 마찬가지다. 각국의 국내법에서 진정으로 중요한 부분은 자연법에 뿌리를 두고 있는 한에서만 옳으며, 자연법에 따라 규제되고 해석되어야 한다.

13 “자연 상태에서는 모두가 집행권을 가진다”는 자연법의 낯선 학설에 대해서는 물론 반대 의견이 있을 것이다. 인간이 자신의 문제를 판단하는 것은 옳지 않다는 견

해가 그것이다. 인간은 이기심 때문에 자신이나 친구들의 일에 편파적인 태도를 가질 뿐 아니라, 비뚤어진 성격이나 흥분, 복수심에 사로잡혀 타인을 심하게 징벌할 수도 있다. 그럴 경우 심각한 혼란과 무질서가 따를 것이다. 그래서 신은 인간의 편파성과 폭력성을 억제하기 위해 정부를 구성하게 했다. 나는 인간이 자신의 문제를 판단하는 자연 상태의 커다란 불편을 해소하기 위한 적절한 방책이 시민 정부라는 것을 선뜻 받아들인다. 자기 형제에게 위해를 가할 만큼 부정한 사람이라면 자신을 비난할 만큼 정의롭지 못하리라는 것은 쉽게 이해할 수 있다. 하지만 이런 반대를 제기하는 사람은 절대군주 역시 인간이라는 점을 기억해야 할 것이다.

인간이 자신의 문제를 스스로 판결해야 하는 데서 필연적으로 생기는 해악을 해소하기 위한 방책이 정부라면, 따라서 자연 상태가 견딜 수 없는 것이라면, 나는 자연 상태보다 나은 정부가 어떤 것인지 묻고 싶다. 한 사람이 다수를 지배하면서 동시에 자신의 문제를 판결할 자유를 가진 정부란 어떤 것인가? 한 지배자가 만백성을 자기 마음대로 다스리는데, 누구도 그를 통제하거나 이의를 제기하지 못하는 정부란 어떤 것인가? 그가 이성에 따라 행동하든, 편견이나 흥분에 따라 행동하든 무조건 복종해야 한다는 말인가? 그보다는 다른 사람의 부당한 의지에 따르지 않아도 되는 자연 상태가 훨씬 더 나을 것이다. 판결하는 사람이 자신의 문제든 타인의 문제든 잘못 판결할 경우에는 다른 모든 사람들에게 책임을 져야 한다.

14 흔히 제기되는 강력한 반론이 있다. "그런 자연 상태에 사는 인간이 지금이나 과거에 어디 있었는가?" 이에 대해서는 간단히 대답할 수 있다. 전 세계를 통틀어 모든 독립 정부의 군주와 지배자들은 자연 상태에서 살아가므로 자연 상태에 있는 사람들이 없었던 적은 전에도 없었고 앞으로도 없을 것이다. 다른 사람들과 결탁하든 않든, 독립 공동체의 지배자들은 다 그렇다. 사람들 간의 자연 상태가 종식되려면 계약이 아니라 서로 하나의 공동체에 포함되어 단일한 정치체를 이룬다는 합의가 필요하다. 따라서 그와 다른 약속과 계약이 성립한다 해도 자연 상태는 그대로 유지될 수 있다. 가르실라소 데 라 베가Garcilaso de la Vega(이탈리아 르네상스의 영향을 시에 도입한 16세기 에스파냐의 시인이자 군인: 옮긴이)가 페루의 역사를 쓰면서 말한 것처럼 외딴섬에서 두 사람이 교역에 관한 약속이나 계약을 맺는다거나, 아메리카의 숲에서 스위스인과 인디언이 서로 협정을 체결한다면, 양 당사자에게 구속력이 있지만 그래도 그들은 서로에 대해 완벽한 자연 상태를 유지한다. 진실과 믿음으로 약속을 지키는 것은 인간으로서의 의무일 뿐 사회 구성원으로서의 의무와는 다르다.

15 인간이 자연 상태에 처한 적이 없었다고 말하는 사람들에게 나는 후커의 말을 빌려 반론하고 싶다. 그는 《교회

정치론Of the Lawes of Ecclesiastical Politie》, 1권, 10절에서 이렇게
말한다.

> 지금까지 말한 법칙(즉 자연법)은 인간을 절대적으로 구
> 속한다. 인간은 비록 확정된 단체를 이루지 않았고 자기
> 들끼리 무엇을 해야 하거나 무엇을 하면 안 되는지 엄숙
> 한 약속을 맺은 적이 없다 해도 그 법칙에 구속된다. 우
> 리는 우리의 본성이 요구하는 삶, 인간의 품위에 걸맞은
> 삶에 충분할 만큼의 물자를 우리 스스로의 힘만으로 비
> 축하지 못한다. 그러므로 우리가 우리 힘만으로 독자적
> 으로 살아갈 때 생겨나는 그 결함과 불완전함을 보완하
> 려면, 우리는 당연히 서로 간에 친교와 동료애를 추구할
> 수밖에 없다. 인간이 처음에 정치사회로 단결한 원인은
> 거기에 있었다.

게다가 모든 인간은 정치사회의 구성원이 되겠다고 스
스로 동의하기 전까지는 자연 상태로 살아갈 수밖에 없다.
이 논의가 전개되면서 차츰 그 점이 명확히 밝혀질 것이다.

전쟁 상태에 관하여

16 전쟁 상태는 증오와 파괴의 상태다. 그러므로 흥분과 경솔함에서가 아니라, 침착하고 차분하게 타인의 삶에 영향을 주려는 의도를 말이나 행동으로 포고함으로써 상대방과 전쟁 상태로 들어가는 것이다. 공격자는 자신이 권력을 빼앗을 상대방에게, 나아가 상대방에 맞서 그의 쟁점을 지지하는 조력자에게 자신의 생명을 노출시킨다. 이런 상황에 처했을 경우 나는 내게 파괴의 위협을 가하는 대상을 파괴할 수 있는 합리적이고 공정한 권리를 가진다. 근본적인 자연법에 따라 인간은 자신을 가능한 한 보호해야 하는데, 전부를 보호할 수 없을 경우에는 무고한 자의 안전이 우선시되어야 한다. 인간은 자신에게 싸움을 걸거나 자신의 존재에 대해 적의를 드러낸 사람을 죽일 수 있다. 이는 늑대나 사자를 죽이는 것과 같은 이유다. 그런 사람은 일

반적인 이성의 법칙에 따르지 않고 무력과 폭력 이외의 다른 규칙에 준거하지 않으므로 위험하고 유해한 맹수로 간주된다. 만약 그가 나를 사로잡는다면 나를 죽일 게 뻔한 상황이다.

17 그러므로 다른 사람을 자신의 절대 권력 밑으로 끌어들이려 하는 사람은 그럼으로써 그 사람과 전쟁 상태에 들어가게 된다. 그 행위는 타인의 생명을 노리는 의도의 표명으로 이해할 수 있다. 만약 누가 나의 동의 없이 나를 자신의 권력 밑으로 끌어들이려 한다면, 그는 나를 자기 마음대로 부리려 하는 것이고 자신이 원하면 나를 죽일 수도 있다는 추론이 가능하다. 누구든 내 자유의 권리를 짓밟고 힘으로 나를 누르지 않고서는 나를 자신의 절대 권력 밑에 둘 수 없고 나를 노예로 삼을 수 없다. 그런 힘으로부터 벗어나는 것만이 나를 보호하는 길이다. 이성은 나를 보호해주는 자유를 빼앗으려는 사람을 적으로 간주하라고 내게 명한다. 따라서 나를 노예화하려는 사람은 나와 전쟁 상태에 놓이게 된다. 자연 상태에서 남의 자유를 빼앗으려는 사람은 다른 모든 것도 빼앗으려는 의도가 있는 것으로 간주되어야 한다. 자유는 다른 모든 것의 근본이기 때문이다. 마찬가지로, 사회 상태에서 사회나 국가 구성원의 자유를 빼앗으려는 사람은 다른 모든 것을 빼앗으려는 의도를 가진 것으로 간주되어야 하며, 그런 상태는 전쟁 상태로 보아야 한다.

18 그렇다면 도둑을 죽이는 것은 합법적인 행위가 된다. 도둑이 내게 아무런 상해를 주지 않고 내 생명을 노리는 어떤 의도도 표명하지 않는다 해도 마찬가지다. 그는 무력을 사용해 나를 자신의 권력 아래에 두고 내게서 돈이나 그 밖의 자기 마음에 드는 것을 빼앗으려 했다. 자신의 권리가 없는 곳에서 무력을 사용해 나를 자신의 권력 아래 두고 자신의 요구를 관철시키려 했기 때문에, 나는 내 자유를 빼앗으려는 자가 나를 자신의 권력 아래 두었을 때 다른 모든 것도 빼앗으려 하지 않으리라고 가정할 이유가 없다. 그러므로 나는 그가 나와의 전쟁 상태를 택했다고 합법적으로 간주할 수 있으며, 경우에 따라서는 그를 죽일 수도 있다. 누구든 전쟁 상태를 시작했고 공격자가 되었다면 자신을 바로 그런 위험에 노출시킨 것이다.

19 여기서 우리는 '자연 상태와 전쟁 상태의 차이'를 명확히 알 수 있다. 이것을 헷갈리는 사람들도 있지만, 평화, 우호, 상호 원조, 보호의 상태는 증오, 악의, 폭력, 상호 파괴의 상태와 크게 다르다. 세속의 공통적 지배자가 없고 사람들이 스스로 판단할 권력을 가지고 이성에 따라 함께 살아가는 것은 자연 상태다. 그러나 타인에게 무력을 행사하거나 무력의 의도를 내보이는데도 구제를 호소할 세속의 공통적 지배자가 없는 경우는 전쟁 상태다. 그런 호소가 결여되어 있을 경우, 인간은 공격자가 같은 사회에 사는 동료 국민이라 해도 전쟁을 벌일 권리를 지닌다. 예를

들어 나는 도둑을 직접 해칠 수 없지만, 그가 내 말이나 외투를 강탈했을 경우 내게 소중한 것을 훔친 죄로 법에 호소해 그를 죽일 수 있다. 나를 보호하기 위한 법이 있어도 현존하는 무력으로부터 내 생명을 구하지 못할 경우에는 어떤 배상도 불가능하므로 법은 내가 나 자신을 방어하고, 전쟁의 권리와 공격자를 죽일 자유를 발동할 수 있도록 허용한다. 공격자는 우리의 공통적인 재판관에게 호소할 시간을 허용하지 않으며, 돌이킬 수 없는 위해를 당했을 경우 법의 판결이 문제를 해결해주지 못하기 때문이다. 권한을 가진 공통의 재판관이 부재하다는 것은 모든 사람을 자연 상태로 만든다. 또한 인간의 신체에 가해지는 부당한 무력은 공통의 재판관이 있든 없든 전쟁 상태를 초래한다.

20 그러나 현실의 무력이 종식되면 같은 사회 속에 있는 사람들 간의 전쟁 상태도 끝나고, 양측 모두 법의 공정한 결정에 종속된다. 지나간 상해와 앞으로 빚어질 위해를 호소로 해결할 수 있는 길이 열린다. 하지만 자연 상태에 존재하는 그런 호소가 없을 경우에는 현실적인 법과 호소의 권한을 가진 재판관이 부재하므로 전쟁 상태가 재개되고, 무고한 측이 상대방을 제거할 권리도 계속 유효하다. 이런 상태는 공격자가 평화를 제의하고 자신이 저지른 잘못을 배상하면서 무고한 측에 미래를 보장하는 조건으로 화해를 요청할 때까지 지속된다. 법에 호소하는 길이 있고 임명된 재판관이 있어도 정의가 명백히 왜곡되거나 일

부 사람들이 겪은 폭력과 상해를 막아주고 배상하는 법들 간에 후안무치한 다툼이 벌어지는 탓에 해결책이 부정되는 경우가 있다. 이럴 때는 전쟁 상태 이외에 어떤 것도 상상하기 어렵다. 폭력이 자행되고 위해가 가해질 경우, 아무리 정의를 집행해야 할 직책에 있는 사람이 저지른다 해도, 또 아무리 명분, 구실, 법의 형식을 갖춘다고 해도 폭력과 위해임에는 분명하다. 법의 목적은 법에 복종하는 모든 사람에게 공평하게 적용됨으로써 무고한 사람을 보호하고 구제하려는 데 있다. 따라서 본래의 목적이 충실히 관철되지 않으면 피해자는 전쟁을 벌이게 된다. 그들은 잘못을 바로잡기 위해 호소할 곳이 없으므로 유일한 해결책은 하늘에 호소하는 것뿐이다.

21 호소할 곳은 하늘밖에 없고 싸우는 사람들 사이에서 판결을 내릴 권위가 없으면 사소한 불화라도 파멸로 향할 수 있다. 이런 전쟁 상태야말로 인간이 자연 상태를 버리고 사회를 형성하게 된 주요한 이유다. 세속의 권위와 권력이 있으면, 호소로 구제가 가능하기 때문에 전쟁 상태가 중단되고 다툼이 그 권력의 판결로 해소된다. 만약 입다와 암몬인들 간에도 누가 옳은지 판결할 세속의 상위 법정이 존재했다면, 그들은 전쟁 상태로 돌입하지 않았을 것이다. 하지만 입다는 결국 하늘에 호소할 수밖에 없었다. "심판하시는 여호와께서 오늘 이스라엘 자손과 암몬 자손 사이를 판결하시옵소서."(《사사기》, 11장 27절) 그는 이런 호소에

의지하며 군대를 거느리고 전장으로 간다. 그런 다툼에서 누가 재판관이냐는 질문이 제기된다면 그것은 누가 다툼을 판결할지를 묻는 게 아니다. 누구나 입다가 말하는 것처럼 '심판하시는 여호와'가 판결하리라는 것을 알고 있다. 세속의 재판관이 없으면 하늘의 신에게 호소한다. 그렇다면 이 질문은 어떤 사람이 나와 전쟁 상태에 들어갈지, 나도 입다처럼 하늘에 호소해야 할지를 누가 판단하느냐는 의미가 아니다. 그 문제에 관해서는 나 자신이 스스로의 양심에 따라 판단할 수밖에 없다. 장차 심판의 날이 오면 나는 만인의 최고 재판관인 신을 따를 것이다.

노예 상태에 관하여

22 인간의 자연적 자유는 세속의 어떤 상위 권력으로부터도 자유롭고, 인간의 의지나 입법 권력 아래 놓이지 않으며, 오로지 자연법의 지배만 받는 상태를 가리킨다. 또한 인간의 사회적 자유는 동의에 의해 국가 내에 확립된 입법권 이외의 어떤 권력에도 예속되지 않고, 그 입법권이 위탁받은 임무에 따라 법제화한 것 이외에 어떤 의지의 지배나 어떤 법의 제약에서도 벗어난 상태를 가리킨다. 그러므로 로버트 필머가 말하는 것처럼 "모든 사람이 어떤 법에도 구애되지 않으며, 하고 싶은 대로 하고 자기 마음대로 사는 자유"가 아니다. 정부 아래 인간의 자유는 사회 내에서 정한 입법권과 모든 사람에게 공통적으로 적용되는 일정한 규칙에 따라 사는 것이다. 규칙이 정해지지 않은 모든 일에서는 자신의 의지에 따르며, 다른 사람의 불안정

하고 불확실하고 알 수 없고 독단적인 의지에 예속되지 않는다. 자연의 자유가 자연법 이외에 다른 구속을 받지 않는 것과 마찬가지다.

23 이 절대적이고 전횡적인 권력으로부터의 자유는 인간의 보호를 위해 대단히 중요하다. 그렇기 때문에 그 자유를 빼앗는 것은 곧 보호와 생명을 함께 박탈하는 것이나 다름없다. 자신의 생명에 대해 권리를 가지지 못한 사람은 설령 자신이 원한다 해도 계약이나 동의에 의해 남의 노예가 될 수도 없고, 타인의 절대적이고 독단적인 권력에 예속되어 자신의 생명을 빼앗길 수도 없다. 자신에 대해 자기 자신만큼 큰 권력을 가진 사람은 없으며, 자신의 생명을 빼앗을 수 없는 사람은 다른 권력에 생명을 맡길 수도 없다. 어떤 사람이 죽음으로 갚아야 마땅한 잘못을 저질러 자신의 생명을 박탈당하게 되었다면, 박탈한 사람은 (죄인을 자신의 권력 아래 잡아둔 상태에서) 그의 생명을 굳이 빼앗지 않고 상해를 가하지도 않은 채로 그를 휘하에 거느리고 부릴 수 있다. 그러나 노예로 사는 고통이 생명의 가치보다 크다고 판단하면, 그는 주인의 의지를 거슬러 원하는 죽음을 앞당길 권리가 있다.

24 이것은 노예 상태의 완벽한 환경인데, 실상 "합법적 정복자와 포로 간의 전쟁 상태가 지속되는 것"에 다름 아니다. 만약 그들이 계약을 맺어 한 측은 제한적인 권력을 행사하고 다른 측은 복종하기로 합의한다면, 그 계약이 유

효할 때까지 전쟁과 노예 상태가 종식된다. 앞서 말했듯이 자신의 생명에 대한 권력을 가지지 못한 사람은 합의에 의해 그 권력을 남에게 양도할 수 없기 때문이다.

솔직히 말해 유대인과 우리 국민 중에는 자신을 내다 파는 사람들이 있었다. 하지만 그것은 노예 상태가 아니라 단지 고단한 일에 종사하는 것이었다. 자신을 내다 판 사람들이 절대적이고 전횡적이고 전제적인 권력의 지배를 받지는 않는다는 면에서 그 점은 분명하다. 주인은 부리는 사람을 죽일 권력을 가지지 않았으며, 부리는 기간이 끝나면 풀어주어야 했다. 주인은 하인의 삶에 독단적인 권력을 행사하지 못했다. 하인에게 마음대로 상해를 가할 수 없었고, 하인이 눈이나 이를 하나 잃을 경우에는 그를 풀어주어야 했다(〈출애굽기〉, 21장).

재산에 관하여

25 자연적 이성은 우리에게 세상에 태어난 사람은 누구나 자기를 보호할 권리를 가지며, 따라서 음식물을 포함해 자연이 인간의 생존을 위해 제공하는 것들을 섭취할 권리를 가진다고 말한다. 또한 신이 이 세상을 만들어 아담과 노아, 그 아들들에게 주었다고 설명한다. 어쨌든 〈시편〉 115편 16절에서 다윗 왕이 "땅은 사람에게 주셨다"고 말했듯이, 신이 인간에게 땅을 공유물로 내준 것은 분명하다. 하지만 그렇다 해도 인간이 어떤 것을 재산으로 가지게 되었는지 알아내기란 대단히 어렵다. 보통은 이렇게 대답한다. 신이 아담과 그의 후손들에게 세계를 공유물로 주었다고 가정한다면 재산의 근거를 밝혀내기 어려운 게 사실이다. 그러나 신이 세계를 아담과 그의 모든 후손 중에서 상속자들에게만 주었다고 가정한다면 만인의 군주를 제외한

어느 누구도 재산을 소유하는 게 불가능할 것이다. 하지만 나는 이런 대답에 만족할 수 없다. 그래서 나는 모든 공유자들의 명시적인 계약도 없이 어떻게 신이 인류에게 공유물로 준 것의 일부를 어떤 사람들이 재산으로 가지게 되었는지 밝혀내려 노력할 것이다.

26 신은 인간에게 세계를 공유물로 주었을 뿐 아니라 세계를 잘 이용해 삶과 편의를 도모하는 데 필요한 이성도 주었다. 땅 그리고 거기 있는 모든 것은 인간이 살아갈 수 있도록 부양하고 편익을 제공한다. 땅에서 자라는 온갖 열매, 땅이 먹여 살리는 짐승은 자연의 손에 의해 생산되므로 인류 공동의 소유다. 본래는 누구도 다른 사람들을 배제하고 개인적으로 영토를 사유할 수 없다. 이것이 자연상태다. 하지만 땅이 인간의 용도로 주어졌다면, 먼저 이러저러한 방식으로 땅을 전유하는 수단이 필요하다. 그런 다음에야 땅을 이용할 수 있고, 특정한 사람이 혜택을 독차지할 수 있다. 야생의 인디언은 울타리를 치지 않고 땅을 공유하지만, 땅에서 나는 열매와 고기는 특정한 사람이 차지한다. 다른 사람은 권리가 없으며, 임자가 그 산물을 소유하고 이용한다.

27 땅과 모든 하등 생물은 인류 공동의 것이지만 모든 사람은 각자 사적인 재산을 가진다. 이 재산에 관해서는 소유자 이외에 누구도 권리가 없다. 신체의 노동, 손의 작업은 오로지 소유자만의 것이다. 자연이 제공한 상태로부

터 그가 무엇이든 끄집어낼 때마다 그의 노동과 소유가 혼합되고 결합되어 그의 재산을 형성한다. 자연이 정한 공유 상태로부터 그가 떼어낸 것에 그의 노동이 부가되면 그것에 대해서는 다른 사람들의 공유권이 배제된다. 노동은 의심할 바 없는 노동자의 재산이므로 그를 제외한 누구도 그 노동이 결합된 산물에 대해 권리를 갖지 못한다. 다만 이경우 공동으로 가질 수 있는 것들이 충분히 남아 있어야 한다.

28 참나무 밑에서 도토리를 줍거나 숲에서 사과를 딴 사람은 분명히 그것을 소유할 수 있다. 그 음식물이 그의 것이라는 데는 이론의 여지가 없다. 그렇다면 묻고 싶다. 언제부터 그의 소유일까? 그것을 먹고 소화했을 때일까? 먹을 때일까? 조리할 때일까? 혹은 습득했을 때일까? 답은 명백하다. 처음 습득했을 때 그의 것이 아니라면 달리 그의 소유가 될 수 없다. 습득할 때 투입된 노동은 그 음식물과 공유물을 구분한다. 만물의 공동 어머니인 자연과 다른 뭔가가 부가된 덕분에 그것은 그의 사적 소유물이 된 것이다. 전 인류가 그의 것이라고 동의해주지 않았다고 해서 그 도토리와 사과가 그의 것이 아니라고 누가 말하겠는가? 누가 인류 공동의 것을 그가 강탈했다고 말하겠는가? 그런 동의가 필요하다면 인간은 신이 아무리 많은 것을 주었다 해도 굶어 죽고 말 것이다. 공유란 계약에 의해 유지되며, 공유된 것 중에서 어느 부분을 가져오거나 자연이 남겨

둔 상태로부터 떼어오면 재산이 생긴다. 그렇지 않다면 공유는 아무 소용도 없다. 한 부분을 가져오는 데는 모든 공유자의 명시적인 동의가 필요 없다. 내가 기르는 말이 먹은 풀이 그런 예다. 내가 다른 사람들과 더불어 공유권을 가진 곳에서 내 하인이 풀을 베어오거나 내가 광석을 캤다면, 그것은 다른 누구의 허락이나 동의와 무관하게 내 재산이 된다. 그 공유 상태에서 그 부분을 떼어내는 데 지출된 나의 노동이 그것을 내 재산으로 만든 것이다.

29 공유로 주어진 것의 일부를 전유하는 데 모든 공유자의 명시적 동의를 얻어야 한다면, 아이나 하인은 아버지나 주인이 공유로 제공한 고기를 썰어 먹으려 할 때도 각자가 먹을 부분을 일일이 할당받아야 할 것이다. 샘물은 비록 모든 사람의 소유지만, 물동이 안의 물이 길어낸 사람의 소유라는 것을 누가 의심하겠는가? 그의 노동은 자연의 모든 자식들이 공동으로 소유한 샘에서 물을 끌어냈고, 그럼으로써 그 물을 전유한 것이다.

30 이리하여 이성의 법칙은 사슴을 잡은 인디언이 그 사슴을 가질 수 있도록 해준다. 그전까지 사슴은 모두의 공유물이었으나 그의 노동이 투입되어 그의 재산이 된 것이다. 문명사회에서는 재산을 결정하는 실정법을 만들고 발달시켰으나, 그래도 공유물이었던 것에서 재산을 처음 출범시킨 원래의 자연법은 여전히 유효하다. 예컨대 인류의 방대한 공유물인 바다에서 잡은 물고기나 채취한 용연

향(향유고래에서 나오는 향수의 원료: 옮긴이)은 공유된 자연 상태로부터 그것을 분리하는 데 노동이 투입되었기 때문에 임자의 재산이 된다. 사냥으로 토끼를 잡았다면 그 토끼를 추격해 사로잡은 사람의 소유물이다. 짐승은 현재 공유물로 간주되며, 누구의 사적 소유물이 아니기 때문이다. 상당량의 노동을 지출해 짐승을 발견하고 추격한 사람은 자연 상태로부터 그 짐승을 분리함으로써 공유물이었던 것을 자기 재산으로 만들 수 있다.

31 이에 대한 반론도 가능하다. "도토리 같은 땅의 열매를 채집하는 것이 정당한 일이라면, 누구나 마음먹은 대로 독점할 수도 있지 않겠는가?" 하지만 실은 그렇지 않다. 자연법은 우리에게 재산을 주었지만 동시에 그 재산을 억제하기도 한다. "우리에게 모든 것을 후히 주사 누리게 하시는 하나님"(〈디모데전서〉, 6장 17절)이라는 말은 신의 감화를 통해 확증된 이성의 목소리다. 그런데 신은 우리에게 어디까지 주는 걸까? 누릴 만큼이다. 즉 생명체가 썩어버리기 전에 활용할 수 있을 만큼, 자신의 노동을 통해 재산으로 만들 수 있을 만큼이다. 그 이상은 무엇이든 개인의 몫이 아니며 다른 사람들의 것이다. 신은 인간이 버리거나 파괴할 것을 만들지 않았다. 자연이 주는 풍요를 고려하면, 이 세계에는 오랫동안 소비자가 드물었다고 볼 수 있다. 한 사람이 부지런히 일해 아무리 많은 것을 얻는다 해도 다른 사람들에게 피해를 주면서까지 독점할 수 있는 양은 많지

않았다. 이성이 자신의 용도로 정한 한계를 넘어서지 못한다. 그렇다면 그렇게 형성된 재산에 관해서는 논란이나 분쟁의 여지가 거의 없을 것이다.

32 하지만 현재 재산의 주된 문제는 땅의 열매나 땅에서 사는 짐승이 아니라 땅 자체에 있다. 물론 땅도 열매나 짐승과 같이 재산으로 획득할 수 있다는 것은 분명하다. 인간은 땅을 갈고, 파종하고, 개량하고, 경작하고, 그 생산물을 이용하는 만큼 재산이 늘어난다. 인간은 예나 지금이나 땅에 울타리를 둘러 공유물과 분리한다. 누구나 동등한 자격을 가진다고 해서 땅 임자의 권리가 효력을 잃는 것은 아니다. 다른 공동 소유자들, 전 인류의 동의가 없다고 해서 땅에 울타리를 두르고 전유하지 못하는 것은 아니다. 신은 인간에게 세계를 공유물로 주면서 인간도 일을 해야 한다고 정했으며, 인간의 궁핍한 조건도 일을 필요로 했다. 신과 이성은 인간에게 땅을 개간하고 삶에 이익이 되도록 활용하라고 명하고, 땅에 자신의 것, 자신의 노동을 투입하라고 지시했다. 이 신의 명령에 복종해 인간은 땅을 갈고, 일구고, 씨를 뿌려 자기 재산으로 만들었다. 다른 사람은 그 땅에 대해 자격도 없었고 임자에게 위해를 가하지 않고는 빼앗을 수 없었다.

33 이렇게 땅의 일부분을 개량해 전유하는 것은 다른 사람에게 어떤 피해도 주지 않았다. 좋은 땅이 아직 활용되지 않은 채 충분히 남아 있었기 때문이다. 그러므로 결

과적으로 어떤 사람이 울타리를 두르고 자기 땅으로 삼았다고 해서 남들에게 돌아갈 몫이 줄어든 것은 아니었다. 남들에게도 충분히 활용할 땅을 남겨준다면 아무것도 빼앗지 않고 선하게 행동한 것이다. 갈증을 달래줄 강물이 충분히 남아 있다면 누구도 다른 사람이 상당량의 강물을 퍼냈다고 해서 피해를 입었다고 생각하지 않는다. 땅과 물은 양이 풍부하므로 똑같이 생각할 수 있다.

34 신은 인간에게 세계를 공유물로 주었다. 신은 인간의 이익을 위해 세계를 주었고 인간은 세계로부터 최대한 삶의 편익을 이끌어낼 수 있다. 그러므로 세계가 내내 공유와 미개간 상태로 남아 있어야 한다는 의미는 아니다. 신이 세계를 준 목적은 근면하고 합리적인 사람들이 사용하도록 하기 위해서이지(노동이 곧 소유의 자격이어야 했다), 말썽꾼의 공상이나 탐욕을 위해서가 아니었다. 자신이 이미 획득한 몫에 못지않게 아직 활용할 부분이 충분히 남아 있는 사람은 불평을 늘어놓을 필요도 없고 남의 노동이 이미 활용한 것에 간섭해서도 안 된다. 만약 간섭한다면 아무런 권리도 없이 남의 고통을 이용해 이득을 취하려는 속셈이 있는 게 분명하다. 그것은 신이 세계를 다른 사람들과 함께 일해 공유하도록 준 이유와 무관하다. 신이 준 세계는 인간이 이미 소유한 것 못지않게 많이 남아 있었고 인간이 부지런하게 처리할 수 있는 것보다 더 많았다.

35 사실 영국을 비롯한 여러 나라의 공유지에는 정부

휘하에서 돈으로 장사하는 사람들이 많지만, 동료 공유자들의 동의 없이는 아무도 울타리를 두르거나 전유할 수 없다. 침해할 수 없는 계약, 즉 토지법에 의해 공유 상태로 남아 있기 때문이다. 물론 공유라고 해도 일부 사람들에게만 그럴 뿐 전 인류에게 그런 것은 아니다. 그 땅은 이 나라 혹은 이 교구의 공동 재산이다. 게다가 울타리를 두르고 남은 부분은, 전체를 다 이용할 수 있었던 때만큼 공유자들에게 충분히 돌아가지 않는다. 세계의 넓은 공유지에 처음으로 인간이 살았던 때와는 사정이 사뭇 달라졌다. 인간을 지배하는 법은 오히려 전유를 지향했다. 신은 인간에게 일을 시키고자 했다. 노동을 투입한 땅은 누구도 빼앗아갈 수 없는 재산이 되었다. 여기서 땅을 개간 또는 경작하는 것과 영토를 소유하는 것이 합쳐지게 된다. 전자가 후자의 권리가 되는 것이다. 그리하여 신은 개간을 명함으로써 전유의 권한까지 주었다. 이와 같이 노동과 일할 재료가 필요한 인간 생활의 조건은 필연적으로 사적 소유를 낳을 수밖에 없다.

36 재산의 기준은 인간의 노동과 삶의 편익에 의해 정해진다. 누구든 자신의 노동으로 모든 땅을 개간하거나 전유하지는 못하며, 일정 부분 이상을 향유하지 못한다. 그러므로 누구든 타인의 권리를 침해하거나 이웃을 희생시키면서 자기 재산을 획득할 수는 없다. 이웃 역시 땅이 전유되기 전과 다를 바 없이 (누가 자기 몫을 떼어간 뒤에도) 좋

고 넓은 땅을 얼마든지 가질 수 있었기 때문이다. 이런 기준은 모든 사람의 소유를 적절한 정도, 즉 한 사람의 전유가 다른 이에게 피해를 주지 않을 정도로 제한했다. 세계의 초기에는 경작할 땅의 부족에 시달리기보다, 무리에서 떨어져 드넓은 황야를 헤매고 다니다가 길을 잃을 위험이 더 컸다. 하지만 지금처럼 세계에 사람이 많아졌을 때에도 똑같은 기준을 적용할 수 있다. 아담이나 노아의 자손들이 세계에 처음으로 거주하던 무렵의 한 개인이나 가족을 상상해보라. 그가 아메리카의 어느 빈 땅에 파종한다고 해보자. 앞에 말한 기준에 따라 그가 직접 만들어낸 소유물은 그리 많지 않다. 오늘날에도 다른 사람들에게 피해를 줄 정도는 아니다. 다른 사람들은 그에게 불평하거나 그의 침탈로 피해를 입었다고 생각하지 않는다. 하지만 인류는 이제 세계 각지로 퍼져나갔고, 초기의 적은 수를 크게 넘어섰다. 그런데 땅은 원래 노동이 투입되지 않으면 가치가 별로 없다. 예를 들어 에스파냐에서는 소유권이 없는 땅을 누구나 자유롭게 이용해 경작, 파종, 수확할 수 있다고 한다. 오히려 주민들은 방치되어 쓸모없는 땅을 부지런히 개간해 곡식 생산량을 증대시켜주었다는 이유로 땅을 개간한 사람을 고맙게 여긴다. 그렇다 해도 나는 그 점이 그다지 중요하다고 보지 않는다. 과감히 주장하건대 그런 재산규칙, 즉 모두가 활용할 수 있을 만큼 가진다는 규칙은 남에게 피해를 주지 않고도 여전히 세계에 통용되어야 한다.

세계에는 주민의 수가 두 배로 늘어나도 감당할 만한 땅이 충분하기 때문이다. 하지만 더 큰 규모의 소유권을 주장하기 위해 (동의에 따라) 돈이 발명되고 돈에 가치를 부여하는 암묵적인 합의가 이루어짐으로써 사정은 달라졌다. 이게 어떻게 된 일인지는 차차 상세히 살펴보기로 하자.

37 처음에 사물의 가치는 인간의 삶에 유용하다는 점에서만 의미가 있었다. 그러나 필요 이상으로 많이 가지려는 욕망이 그 사물의 본래 가치를 변형시켰고, 낡거나 썩지도 않는 노란 금속의 작은 조각이 커다란 고깃 덩이나 곡식 더미만큼의 가치를 지닌다는 합의가 이루어졌다. 하지만 인간은 노동을 통해 자연의 사물을 이용할 수 있을 만큼 전유할 권리가 있었다. 그 양은 많지 않았고 남에게 피해를 주지도 않았다. 누구나 부지런히 일하면 얼마든지 풍요를 누릴 수 있었다. 자신의 노동으로 토지를 전유하는 사람은 인류의 공동 재산을 줄이는 게 아니라 오히려 더 늘려준다. 울타리를 두르고 경작하는 1에이커의 토지에서 생산되는 물자의 양은 같은 토질의 방치된 공유지 1에이커에서 생산된 양에 비해 적게 잡아도 열 배에 달한다. 그러므로 울타리를 두른 사람은 자연에 맡긴 토지 100에이커에서 얻을 수 있는 물자를 10에이커의 토지에서 얻을 수 있으므로 90에이커의 토지를 인류에게 주었다고 볼 수 있다. 공유 상태의 토지라면 100에이커가 필요했지만 이제는 인간의 노동 덕분에 10에이커로도 그만큼의 물자를 얻는 것이

다. 여기서 나는 개간된 토지의 생산성을 10 대 1로 매우 낮게 잡았지만 실제로는 100 대 1에 훨씬 더 가깝다. 그렇다면 이렇게 묻고 싶다. 곤궁한 처지의 주민들에게, 전혀 개간되거나 경작되지 않고 자연에 맡겨진 아메리카의 야생 숲과 미개간 황무지의 토지 1000에이커는 잘 경작된 데번셔의 비옥한 토지 10에이커만큼의 역할을 할 수 있을까?

토지를 전유하기 전에 인간은 최대한 많은 야생 열매를 채집했고 많은 짐승을 죽이고 잡고 길들였다. 자연의 산물을 얻기 위해 노고를 들인 사람은 그것을 자연 상태에서 변경시키는 방법으로 노동을 투입했으며, 그럼으로써 소유권을 획득했다. 하지만 그 재산은 그가 소유한 상태에서 제대로 사용되지 못하고 없어질 수도 있었다. 열매나 고기가 먹기도 전에 썩어버리는 경우다. 그러면 그는 자연의 공유법을 어긴 죄로 징벌을 받았다. 그는 이웃의 몫을 침해한 것이다. 자신에게 삶의 편익을 주는 용도 이상의 것에 대해서는 아무런 권리도 없기 때문이다.

38 토지의 소유에도 똑같은 방식이 적용되었다. 경작하고 수확한 토지 생산물을 훼손하기 전에 모았다가 이용하는 것은 일한 사람의 고유한 권리였다. 땅에 울타리를 두르고 가축을 기르면 그 생산물도 그의 것이었다. 하지만 울타리를 두른 땅에서 자란 풀이 썩어버리거나 열매를 채집해 저장하기도 전에 상할 경우에는, 비록 그가 울타리를 두른 땅이라 하더라도 황무지나 다름없는 것으로 간주되었

고 다른 사람의 소유가 될 수 있었다. 그래서 태초에 카인은 경작할 수 있는 땅을 최대한 확보해 자기 것으로 삼았으나 아벨의 양들이 그 땅에서 풀을 먹게 놔두었다. 그 결과 몇 에이커의 땅은 양측의 공유물이 되었다. 그러다 점차 식솔이 늘고 부지런한 노동으로 가축의 수가 증가하면서 필요량이 늘고 재산도 증식되었다. 그래도 아직 토지는 재산으로 확정되지 않고 공유 상태로 남았다. 이내 토지가 뭉쳐지고 합쳐지면서 도시가 건설되었다. 그 뒤 동의에 의해 각자의 소유지마다 경계선이 그어졌고 이웃 간에 그 경계선에 대한 동의가 이루어졌다. 같은 사회 구성원들이 스스로 법을 정해 각자의 재산을 확정했다. 처음으로 인간이 거주한 지역, 따라서 인구가 가장 많은 지역에서는 아브라함의 시대에도 사람들이 가축을 데리고 방랑 생활을 했다. 그들의 생존이 걸려 있는 중요한 가축들이 자유롭게 돌아다닐 수 있었다. 아브라함은 처음 가는 나라에서도 그렇게 행동했다. 그것으로 미루어 대부분의 땅이 공유였다는 것을 알 수 있다. 주민들은 땅에 가치를 부여하지 않았고 자신이 이용할 수 있는 정도 이상의 재산을 소유하려 하지 않았다. 하지만 가축을 먹일 땅이 부족해지자 사람들은 아브라함과 롯이 〈창세기〉 13장 5절에서 했던 것처럼 합의에 의해 마음에 드는 목초지를 골라 분리하고 확장했다. 같은 이유로 에사오는 아버지와 동생의 곁을 떠나 세일 산에 거주했다(〈창세기〉, 36장 6절).

39 그렇다면 증명할 길은 없으나 아담의 시대에는 세계 어디서나 다른 사람들을 배제한 사적 영토와 재산이 없었고 누구도 땅을 재산으로 삼지 않았다고 볼 수 있다. 그러나 세계가 인간에게 공유물로 주어졌다고 가정하면, 우리는 인간이 어떻게 노동을 통해 땅에 대한 명확한 소유권을 만들어냈고 사적 용도로 땅을 가지게 되었는지 알 수 있다. 거기에는 권리의 문제도, 다툼의 여지도 없었다.

40 노동이 만들어낸 토지 소유권이 토지 공유권을 능가할 수 있다는 것은 언뜻 생각하면 이상한 듯싶지만 실은 그렇지 않다. 만물의 가치를 다르게 만드는 것은 바로 노동이기 때문이다. 담배나 설탕, 밀이나 보리를 재배하는 토지 1에이커와 전혀 돌보지 않는 공유 상태의 토지 1에이커의 차이를 생각해보면, 노동의 이용이 훨씬 더 가치를 만들어낸다는 것을 알 수 있다. 아주 적게 계산해봐도 인간의 삶에 유용한 땅의 산물 가운데 9할은 노동의 결과물이다. 사물에서 어떤 부분이 자연에 기인하고 어떤 부분이 노동에 기인하는지를 우리 용도에 비추어 적절히 따져보고 관련된 몇 가지 비용을 더해보면, 그 가운데 100분의 99는 전적으로 노동에 기인한다는 것을 알 수 있다.

41 그 점을 무엇보다 명확히 보여주는 예는 아메리카의 몇 개 종족이다. 그들은 땅을 많이 가졌어도 안락한 삶을 영위하지는 못한다. 자연은 그들에게 다른 어느 민족에 못지않을 만큼 풍부한 물자를 제공했다. 그들은 식량과 의

복, 즐거움을 제공하는 자원을 풍부하게 생산하는 비옥한 토양을 가지고 있지만, 그것을 노동으로써 개선하지 못한 탓에 우리가 누리는 편익의 100분의 1도 누리지 못한다. 그 넓고 풍요로운 영토의 왕이 먹고 자고 입는 것은 영국의 날품팔이보다도 못하다.

42 이 점을 좀 더 명확히 하기 위해 흔히 사용하는 물자들이 몇 가지 단계를 거쳐 우리 손까지 오는 과정을 추적해보자. 그러면 인간의 노력이 얼마나 큰 가치를 낳는지 알 수 있다. 빵, 포도주, 직물은 일상 용품이고 양도 풍부하다. 하지만 노동을 통해 이 유용한 상품들을 얻지 못한다면 우리는 도토리, 물, 이파리, 가죽을 빵, 음료, 의복으로 삼아야 할 것이다. 빵은 도토리보다, 포도주는 물보다, 직물이나 비단은 이파리, 가죽, 이끼보다 가치가 큰데, 그 이유는 전적으로 노동과 노력 때문이다. 그것들 중 일부는 자연이 독자적으로 우리에게 제공하는 식량과 의복이고 다른 일부는 우리의 노력과 노고가 만들어내는 물건이다. 후자가 전자보다 얼마나 더 가치가 큰지를 계산해보면, 우리가 이 세계에서 향유하는 사물의 가치는 노동이 대부분 만들어낸다는 것을 알 수 있다. 물자를 생산하는 땅은 기껏해야 가치의 극히 일부만을 담당할 따름이다. 그 몫이 워낙 적은 탓에 목초지, 경작지, 재배지로 개간되지 않고 전적으로 자연에 맡겨진 토지는 말 그대로 황무지라고 불릴 정도다. 나중에 보겠지만 그것이 주는 혜택은 거의 없다고

할 만큼 무의미하다.

이런 사실은 인구가 많은 것보다 영토가 넓은 것을 더 좋아할 만한 근거가 된다. 토지를 늘리고 사용권을 확대하는 것은 정부의 중대한 기술이다. 권력의 압박과 당파의 편협함에 맞서 자유의 법에 따라 인간의 정직한 노고를 보호하고 권장하는 현명한 군주는 즉각 이웃들에게 두려운 존재가 될 것이다. 이 점은 차차 다루기로 하고 당면한 논의로 돌아가자.

43 이 나라에서 밀 20부셸을 생산하는 토지 1에이커와, 잘 가꾸면 같은 양을 생산할 수 있는 아메리카의 토지 1에이커는 틀림없이 똑같은 자연적 가치가 있을 것이다. 그러나 영국의 토지로부터 얻는 수익은 1년에 5파운드에 달하는 데 비해 아메리카의 토지에서 인디언이 거두는 모든 수익은 생산물을 전부 이곳에서 팔 경우 1페니도 못 된다. 우리에 비해 1000분의 1 이하라고 말해도 과언이 아닐 것이다. 그렇다면 토지에 가장 큰 가치를 더해주는 것은 바로 노동이라고 볼 수 있다. 노동이 아니라면 토지는 거의 아무런 가치도 없을 것이다. 토지의 유용한 생산물은 거의 대부분 노동을 통해 얻어진다. 밀밭 1에이커에서 나오는 밀짚, 밀기울, 빵 등은 토질이 좋지만 방치된 채 버려진 토지 1에이커의 산물보다 가치가 더 크다. 이 모든 것이 바로 노동의 결과다. 우리가 먹는 빵을 만드는 것은 단지 밭을 갈고 수확하고 타작하는 사람의 노고와 빵 굽는 사람의

땀만이 아니다. 소를 길들인 사람, 철과 돌을 캐고 가공한 사람, 쟁기, 제분기, 화덕을 비롯해 씨를 뿌릴 때부터 빵이 만들어질 때까지 필요한 온갖 도구를 제작하는 데 사용되는 목재를 베어내고 짜 맞춘 모든 사람들이 지출한 노동 덕분이며, 그 결과물이다. 노동이 투입되지 않으면 자연과 땅 자체는 거의 쓸모없는 물자만 제공할 뿐이다. "한 조각의 빵이 우리 입에 들어오기까지 노동이 제공하고 이용한 물품들의 목록"을 추적해보면 생소하게 느껴질 것이다. 예를 들어 선박에서 사용하는 철, 땔감, 가죽, 나무껍질, 목재, 돌, 벽돌, 석탄, 석회, 직물, 염료, 약품, 송진, 타르, 돛대, 밧줄 등 어느 노동자나, 어느 작업에서나 사용하는 각종 물품들이 다 그렇다. 이 목록은 너무 길어 일일이 열거하기가 불가능할 정도다.

44 자연의 사물들이 공유로 주어졌다는 것은 명백하지만, 인간이 자기 자신의 주인이라는 것, "자기 신체, 행동 혹은 노동의 소유자라는 것 자체가 재산의 중요한 근간이다". 발명과 기술로 생활의 편의가 향상된 이후에, 인간이 자신의 삶을 부양하고 편리를 추구하는 데 이용하는 대부분의 물자들은 완전히 자신만의 것이며, 남들과 공유되지 않는다.

45 처음에는 누구나 원하면 공유물에 노동을 가할 수 있었으며, 이 노동이 재산권을 낳았다. 한동안은 이 재산권이 그대로 유지되어도 인간이 이용할 수 있는 부분이 아

직 많이 남아 있었다. 인간은 자연이 인간의 필요에 맞게 제공하는 것에 거의 만족했다. 그러나 점차 세계 일부분의 지역(인구가 늘고 화폐가 사용되면서 땅이 귀해져 상당한 가치를 가지게 된 지역)에서 일부 공동체들은 소유권이 정해진 영토의 경계에 자리 잡게 되었다. 이들은 자기들의 법에 따라 사회 내의 개인 재산을 통제했으며, 노동과 근면으로 일군 재산을 계약과 합의로 인정하기 시작했다. 동맹을 맺은 몇 개 국가와 왕국들은 명시적으로나 묵시적으로 다른 나라가 소유한 영토에 대한 모든 권리를 포기했다. 공동의 합의에 따라 원래 주장할 수 있었던 자연적 공유권을 포기하고, 적극적 동의로써 자기들끼리 땅을 세분해 재산권을 확정한 것이다. 그래도 아직 방치된 땅(그곳 주민들은 다른 지역처럼 공통의 화폐를 사용하는 데 동의하지 않았다)이 많이 남아 있었다. 주민들이 경작하거나 이용할 수 있는 것보다 땅이 많았으므로 여전히 공유가 가능했다. 하지만 화폐를 사용하는 데 동의한 사람들의 사정은 그렇지 않았다.

46 세계 최초의 공유자들에게 생존을 위해 절실히 필요했던 인간의 삶에 매우 유용한 물자는 거의 모두 지금 아메리카인들의 경우와 같이 내구성이 적은 것들이다. 즉 당장 사용하지 않으면 썩어 없어지는 것들이다. 그와 달리 금, 은, 다이아몬드 같은 것들은 실용성이나 생필품으로서의 가치보다 기호나 합의에 의해 가치를 가진다. 자연이 공유물로 제공한 이 귀한 것들은 원칙적으로 모두에게

이용할 수 있는 권리가 있으며, 누구나 자신의 노동을 통해 자연 상태를 변화시켜 자기 재산으로 삼을 수 있었다. 도토리나 사과 100부셸을 채집한 사람은 그것을 소유했다. 채집된 순간부터 그것은 그의 재산이었다. 그는 단지 썩어버리기 전에 그것을 사용하는 데만 신경을 쓰면 되었다. 그렇게 하지 않으면 그는 자신의 몫 이상을 가진 게 되며, 남에게서 강탈한 것이나 다름없었기 때문이다. 자신이 사용할 수 있는 양을 넘어 재산을 축적하는 것은 어리석고 부정직한 일이었다. 쓸모없이 썩는 것을 방지하기 위해 일부를 남에게 내준다면, 그것 역시 그가 사용한 것으로 간주되었다. 또한 자신의 수확물을 일주일 만에 썩어버릴 수 있는 자두 혹은 1년 내내 두고 먹을 수 있는 견과와 맞바꾼 경우에도 그는 해가 될 짓을 한 게 아니며, 공동의 재산을 허비한 게 아니었다. 그의 수중에서 쓸모없이 썩지만 않는다면 남의 재물이라 해도 훼손된 게 아니었다. 마찬가지로 그가 견과를 주고 예쁜 색깔의 금속 한 조각을 얻거나, 양과 조개껍질 혹은 양모와 반짝이는 돌이나 다이아몬드를 교환해 평생 소유했다면 그것은 남의 권리를 침해한 행위가 아니었다. 그는 내구적 물건들을 마음대로 모아둘 수 있었다. 재산 소유의 정당성을 잃는 경우는 지나치게 많이 가졌다는 데 있는 게 아니라 무엇이든 쓸모없이 버려진다는 데 있었다.

47 이리하여 돈이 등장했다. 돈은 인간이 훼손 없이 오

래 가질 수 있는 내구적인 물건이었고, 상호 동의에 의해 유용하면서 훼손될 수 있는 필수품과 교환이 가능한 물건이었다.

48 노력의 정도에 따라 사람마다 소유물의 편차가 생겨나기 때문에, 돈의 발명은 인간에게 재산을 유지하고 확대하는 기회를 주었다. 다른 세계와 전혀 통상을 하지 않는 섬이 있다고 가정해보자. 인구는 100가구밖에 안 되지만, 섬에는 양, 말, 소 등 유용한 짐승과 유익한 과일이 풍부하며, 필요한 양보다 10만 배나 많은 곡식을 재배할 수 있는 비옥한 토지가 있다. 그러나 섬의 물건들은 아주 평범하거나 오래가지 못하는 것들뿐이므로 돈으로 삼을 만한 게 없다. 그렇다면 노력으로 생산하든, 남들이 가진 오래가지 않는 유용한 물품과 교환하든 간에, 자신의 가족이 넉넉히 소비할 수 있는 정도 이상으로 재산을 확대할 이유가 있을까? 내구성과 희소성을 지니고 축장할 만큼 귀중한 물건이 없다면, 아무리 비옥한 토지가 풍부하게 널려 있다 하더라도 인간은 토지 재산을 확장하려 들지 않을 것이다. 아메리카 내륙 한 복판에 경작이 가능하고 가축도 풍부한 1만 에이커 혹은 10만 에이커의 토지가 있다고 하자. 세계 다른 지역과의 통상으로 생산물을 팔아 돈을 벌 가능성이 전혀 없는 상황이라면, 그 토지의 가치를 어떻게 평가하겠는가? 그 토지는 울타리를 두를 가치도 없다. 그곳에 사는 사람은 자신과 가족이 살아가는 데 필요한 이상의 것은 전부

포기할 테고 결국 대부분의 토지는 다시 야생과 공유의 자연 상태로 돌아가고 말 것이다.

49 태초의 세계는 그런 아메리카와 같았다. 돈 같은 것은 전혀 없었다. 그러나 주변에서 돈의 용도와 가치를 가진 것을 찾아내면서 인간은 이윽고 재산을 늘리기 시작하게 되었다.

50 금과 은은 식량, 의복, 탈것에 비해 삶에 별로 유용한 점이 없는데도 단지 사람들의 합의에 의해 가치를 가진다(물론 이 경우에도 가치의 크기는 노동이 결정한다). 그런데 토지의 소유가 불균등해진 것도 분명히 합의에 의한 결과다. 인간은 암묵적이고 자발적인 동의에 따라, 자신이 쓸 수 있는 것보다 많은 재물을 정당하게 소유할 수 있는 방법을 찾아냈다. 남는 재물을 금과 은으로 교환하면 아무에게도 해를 끼치지 않고 축장이 가능하다. 이 귀금속은 소유자가 오래 가지고 있어도 훼손되거나 썩지 않는다. 이렇게 사적 소유의 불균등성을 초래하는 물자의 분배가 사회의 테두리 바깥에서 계약도 없이 행해진 것은 금과 은에 가치를 부여하고 돈의 사용을 암묵적으로 동의하면서부터 생겨난 변화다. 정부에서는 재산권을 법으로 규제하고 토지 소유를 실정법으로 정하기 때문이다.

51 그렇다면 "노동이 어떻게 자연의 공유 상태에서 최초의 재산권을 낳았는지" 그리고 우리의 용도에 따라 재산을 소비한 것이 어떻게 재산을 제한하게 되었는지 이해하기가

아주 쉬워진다. 당시에는 소유권을 놓고 다툼을 벌일 이유가 없었고, 소유권에 따라 많은 물자를 소유한 것에도 이의가 없었다. 권리와 편익이 함께 따라 갔다. 인간은 무엇이든 자신의 노동을 투입하면 소유할 수 있었으므로 굳이 필요한 것보다 더 많이 가지기 위해 노동을 투입할 유혹을 느끼지 않았다. 그리하여 소유권 분쟁이 일어날 여지는 없었고, 타인의 소유권을 침해할 여지도 없었다. 누가 자신의 몫을 얼마나 떼어냈는지는 쉽게 알 수 있었다. 자신에게 필요한 양보다 많이 떼어내는 것은 부질없고 부정직한 일이었다.

부권에 관하여

52 세계적으로 통용되는 용어와 명칭의 허물을 찾는다면 부적절한 비판이라고 욕을 먹을지도 모른다. 하지만 낡은 것이 인간을 잘못으로 이끌 때 새로운 것을 제안하는 것은 잘못이 아니다. 이를테면 부권paternal power이라는 말이 바로 그런 예다. 부권이라고 말하면 자식에게 행사하는 부모의 권력을 전적으로 아버지만 가지고 어머니는 아무런 권력도 가지지 못하는 것을 의미하는 듯하다. 그러나 이성이나 계시에 의거하면 어머니도 동등한 자격을 가진다는 것을 알게 된다. 그렇다면 부권보다 친권parental power이라는 말이 더 적절하지 않냐는 의문이 들 것이다. 자연과 생식의 권리가 자식들에게 어떤 의무를 부과하든, 부모 양측에게 똑같이 복종해야 한다는 것은 확실한 사실이기 때문이다. 따라서 신의 법은 자식들의 복종을 명할 때 부모를

아무런 차별 없이 동등하게 여긴다. "네 부모를 공경하라"(〈출애굽기〉, 20장 12절), "누구든지 자기의 아버지나 어머니를 저주하는 자는"(〈레위기〉, 20장 9절), "자녀들아 주 안에서 너희 부모에게 순종하라"(〈에베소서〉, 6장 1절) 등이 구약성서와 신약성서의 기록이다.

53 사안을 더 깊이 파고들지 말고 이 한 가지만 잘 고려해도, 인간은 지금까지 부모의 권력에 관해 저지른 이 엄청난 잘못에 빠져들지 않을 수 있을 것이다. 부모의 권력이 부권이라는 명칭 때문에 아버지만 가지는 것처럼 보인다면, 절대적 지배권이나 왕의 권력이라는 명칭을 취해도 그다지 귀에 거슬리지 않을 것이다. 하지만 자식들에게 행사하는 그 절대 권력이 친권이라고 불리며 어머니도 가지는 것으로 드러난다면, 어딘가 이상하고 터무니없게 들릴 것이다. 아버지의 절대 권력과 권위를 강력히 내세우는 사람들에게는 어머니도 한몫을 가져야 한다는 말이 기분에 거슬릴 게 뻔하다. 또한 친권이라는 명칭으로 인해 군주 1인 정부의 골간을 이루는 근본적 권위를 한 사람이 아니라 두 사람이 공유하는 것으로 여겨진다면, 그들이 내세우는 군주제는 유지되기 어려울 것이다. 하지만 명칭의 문제는 이쯤 해두자.

54 앞에서 말했듯이 인간은 본래 평등하지만, 내가 모든 종류의 평등을 다 아는 것은 아니다. 연령이나 덕에서 앞선 사람도 있고, 신체적 능력이나 재능이 일반적 수준

보다 높은 사람도 있다. 또한 가문과 혼맥이 좋거나 남에게 은혜를 베푼 덕분에 사람들에게서 감사나 존경을 받는 사람도 있다. 하지만 그렇다 해도 모든 사람은 법적으로나 정치적으로 서로 평등하다. 앞에서 내가 말한 평등은 바로 그것이다. 즉 모두가 타고난 자유와 평등한 권리를 가졌고 다른 누구의 의지나 권위에 예속되지 않는 상태를 가리킨다.

55 솔직히 말해 아이들도 선천적인 평등권을 가지지만 평등 상태에서 태어나는 것은 아니다. 부모는 아이들이 세상에 태어나 자랄 때까지 아이들에 대해 일종의 지배권과 법적 권리를 가진다. 하지만 그것은 일시적인 것에 불과하다. 이러한 종속 관계는 연약한 아이를 감싸고 보호하는 포대기와 같은 역할을 한다. 아이가 자라고 이성을 얻게 되면 그 관계는 약화된다. 나중에 그것을 떼어버리면 아이는 완전한 자유를 가지게 되는 것이다.

56 아담은 완벽한 인간으로 창조되었다. 그의 신체와 정신은 충분한 힘과 이성을 가졌으므로 그는 태어난 순간부터 스스로 생존하고 보존할 태세를 갖추고 있었으며, 신이 심어준 이성의 법칙이 명하는 대로 행동할 수 있었다. 이후 세계에서는 그의 자손들이 살게 되었다. 그들은 모두 지식과 분별력이 없는 연약한 아기로 태어났다. 그러나 성장하고 나이가 들어 그 불완전한 상태의 결함이 제거될 때까지 아담과 이브, 그리고 모든 부모들은 자연법에 따라

"자신들이 낳은 자식을 보호하고 양육하고 교육하는 의무"
를 가졌다. 그들이 스스로 그렇게 한 게 아니라 창조주 신
이 그렇게 만든 것이었다. 부모가 자식에게 책임을 지는
것은 곧 신의 명령이었다.

57 아담을 지배한 법은 그의 후손들을 지배한 법, 즉 이
성의 법과 같았다. 그러나 그의 자손들은 그와는 다른 방
식으로 이 세상에 태어났다. 그들은 무지하고 이성을 쓸
줄 몰랐으므로 곧바로 이성의 법에 좌우되지 않았다. 아무
도 이성의 법을 부여받지 못한 탓에 그 법의 지배를 받지
않는다. 그 법은 오로지 이성만이 포고하고 알려주는 것이
었으므로 자신의 이성을 쓸 줄 모르는 사람은 그 법에 따
른다고 말할 수 없다. 아담의 후손들은 태어나자마자 이성
의 법에 따를 수 없었기 때문에 곧바로 자유를 누릴 수 없
었다. 진정한 의미의 법은 이익을 제약하기보다는 자유롭
고 현명한 개인이 자신의 개별적 이익을 추구하도록 인도
하며, 그 법에 따르는 사람들의 전반적 이익을 위해 필요
한 정도 이상을 지시하지는 않는다. 그 법이 없을 경우 더
행복할 수 있다면, 그것은 쓸모가 없어져 사라지게 된다.
우리를 늪과 절벽에 떨어지지 않도록 보호해주는 것을 가
리켜 제약이라고 말한다면 옳지 않다. 그러므로 법의 목적
이 자유를 없애고 제한하는 게 아니라 보존하고 확장하는
데 있음을 오해해서는 안 된다. 무릇 법을 아는 사람은 "법
이 없으면 자유도 없다"는 것을 안다. 자유란 타인의 속박

과 폭력에서 벗어나는 것인데, 법이 없으면 그게 불가능하기 때문이다. 그러나 자유는 흔히 말하는 것처럼 "모두가 자기 마음대로 할 수 있는 자유"가 아니다. (누가 자기 마음대로 남을 억압한다면 어떻게 자유로울 수 있겠는가?) 진정한 자유는 자신이 따라야 할 법의 테두리 내에서, 타인의 전횡적인 의지에 종속되지 않고 오로지 자신의 의지에 의해 자신의 신체, 행동, 소유물, 전 재산을 마음대로 처분하는 자유를 가리킨다.

58 부모가 자식에게 행사하는 권력은 부모에게 부과된 의무, 즉 불완전한 유년기의 자식을 돌보는 의무에서 비롯된다. 미성년기의 자식이 이성을 가지게 될 때까지 깨우쳐주고, 행동을 다스리고, 어려움을 해소해주는 것은 자식이 원하는 일이고 부모가 해야 하는 일이다. 신은 인간에게 자신의 행동을 다스리기 위한 분별력을 고유한 능력으로 부여했으며, 인간이 처한 법의 테두리 내에서 의지의 자유, 행동의 자유를 허락했다. 하지만 인간은 자신의 의지를 다스릴 만한 자기만의 분별력을 갖지 못한 시기에는 자신의 의지를 발동할 수 없다. 그럴 경우 그를 대신해 분별력을 가진 사람이 그를 대신해 의지를 발동해주어야 한다. 그래서 그의 의지를 지시하고 행동을 통제해야 한다. 그러나 아버지가 자유인이 된 시기가 오면 아들도 자유인이 된다.

59 이것은 자연법이든 실정법이든 인간이 따르는 모든 법에 유효하다. 인간은 자연법의 지배를 받을까? 무엇이

인간을 자연법으로부터 자유롭게 만들었을까? 무엇이 인간에게 자연법의 테두리 내에서 자신의 의지에 따라 자신의 재산을 처분할 자유를 부여했을까? 나는 인간이 성숙한 상태에 이르면 자연법을 체득하게 되고 그 테두리 내에서 행동하게 된다고 본다. 그런 상태에 도달하면, 인간은 자연법을 어디까지 자신의 지침으로 삼아야 하는지, 자신의 자유를 어디까지 행사할 수 있는지 깨닫게 되며, 그리하여 참된 자유를 누릴 수 있게 되는 것이다. 그때까지는 자연법이 어디까지 자유를 허용하는지 알고 있는 다른 사람이 그를 인도해야 한다. 그가 이성의 상태, 분별력을 가진 나이가 되어 자유로워졌다면 그의 아들도 같은 방식으로 자유로워질 것이다. 인간은 영국법의 지배를 받을까? 무엇이 인간을 영국법으로부터 자유롭게 만들었을까? 다시 말해 인간은 어떻게 영국법이 허용하는 범위 내에서 자신의 의지에 따라 행동하고 자신의 재산을 처분할 자유를 갖게 되었을까? 영국법에 의하면 인간은 스물한 살 혹은 그보다 조금 이른 시기에 영국법을 알게 된다고 추정한다. 그때까지는 영국법이 아이에게 독자적인 의지를 허용하지 않으며, 아이는 자신을 대신해주는 아버지나 보호자의 의지에 따라야 한다. 아버지가 죽었는데 믿을 만한 대리인을 구하지 못했을 경우, 아버지가 생전에 분별력이 결여된 미성년기의 아들을 가르치는 가정교사를 마련하지 못했을 경우에는 국법이 대리인을 세운다. 이렇게 다른 사람이 가르치고 의지를 대신해주다가 아들이 자유의 상태에 이르면 자신의 의지를 다스릴 만큼 충분한 분별력을 가지게 된다. 그 이후에는 아버지와 아들도 미성년기 이후의 교사와 학생처럼 서로 똑같은 자유를 가진다. 자연 상태에서 자연법의 지배를 받든, 아니면 현실의 정부가 정한 실정법의 지배를 받든, 아버지는 아들의 삶, 자유, 지위를 지배할 권한이 없다.

60 그러나 만약 자연의 정상적인 과정에서 생겨날 수 있는 결함으로 인해 어떤 사람이 국법을 알 수 있는 이성의 정도에 도달하지 못하고 그 규칙에 따라 살아가지 못한다면, 그는 결코 자유를 누릴 수 없다. 그런 사람이 자신의 의지를 마음대로 발동하도록 내버려두어서는 안 된다(그는 자기 의지의 한계를 알지 못할 뿐더러 올바른 지침인 분별력도 없기 때문이다). 그는 자신의 분별력이 그 의지의 책무를 감당하지 못하는 기간 동안 다른 사람들에게서 가르침과 지배를 지속적으로 받아야 한다. 예를 들어 광인이나 백치는 부모의 지배에서 벗어나지 못한다. 후커는 《교회 정치론》 1권 7절에서 다음과 같이 말한다.

> 스스로를 인도할 만큼 올바른 이성의 능력을 갖게 되는 연령에 이르지 못한 아이들, 타고난 결함에 의해 그 능력을 가질 수 없는 백치, 그리고 당분간 그런 능력을 가질 수 없는 광인은 다른 사람을 교사로 삼고 그 이성의 인도를 받아 자신의 이득을 도모하고 확보해야 한다.

신과 자연은 인간과 기타 생물들에게 자식이 스스로 살아나가는 능력을 키울 때까지 보호하는 의무를 부여했다. 하지만 그 의무가 부모의 압도적 권한을 보여주는 사례나 증거로 간주되어서는 안 된다.

61 우리는 이성적인 존재인 동시에 자유로운 존재로 태어났다. 그 말은 우리가 태어나면서 실제로 이성과 자유를 행사할 수 있다는 뜻이 아니라, 이성을 얻을 나이가 되면 자유도 얻게 된다는 뜻이다. 그러므로 타고난 자유와 부모에 대한 복종은 양립 가능하며, 둘 다 같은 원칙에 바탕을 두고 있다. 아이는 스스로의 권리와 분별력이 생길 때까지 아버지의 권리와 분별력에 의해 인도된다. 판단력이 생기는 연령에 도달했을 때 자유를 얻는 것과, 그 연령에 미치지 못했을 때 아이가 아버지에게 복종하는 것은 양립 가능할 뿐 아니라 서로 확연히 구별될 수도 있다. 부권에 의한 군주제를 맹목적으로 추종하는 사람들은 그 차이를 알지 못하지만, 아무리 고집스러운 사람이라도 그 양립 가능성은 인정할 수밖에 없다. 그런 사람의 주장이 완전히 옳다고 가정해보자. 아담의 적법한 상속자가 누구인지 지금 알려져 있고, 바로 그 자격으로 군주가 왕위에 올라 로버트 필머가 말하는 절대적이고 무제한적인 권력을 행사한다고 하자. 그런데 만약 왕위 계승자가 태어나자마자 왕이 죽는다면 어떨까? 아무리 자유로운 신분이고 군주라는 지위에 있다 해도, 그 아이는 일정한 연령에 도달해 자신의 이성

을 깨우칠 때까지, 자신과 백성들을 다스리는 능력을 얻게 될 때까지 어머니와 유모, 교사와 감독자에게 복종해야 하지 않을까? 아이는 생필품, 신체의 건강, 정보와 지식을 얻기 위해 자신의 의지가 아니라 타인의 의지에 의존해야 한다. 그렇다고 해서 그 제약과 복종이 아이의 군주권과 양립하지 않거나 그것을 훼손한다고 생각할 수 있을까? 어린 시절에 그를 관리했던 사람들에게 제국을 넘겨주는 것이라고 생각할 수 있을까? 그를 관리한 목적은 그의 권리를 강화하고 더 빨리 찾아주려는 데 있다. 누가 내게 내 아들이 몇 살에 자유를 얻게 될지 묻는다면, 나는 군주가 통치할 수 있는 나이와 같다고 대답하겠다. 후커는 《교회 정치론》 1권 6절에서 이렇게 말한다.

인간은 이성을 사용할 수 있는 연령, 이성의 법칙에 따라 자신의 행동을 인도하기에 충분한 연령에 언제 도달하는가? 이것은 기능이나 학식으로 결정하기보다는 직감으로 식별하는 편이 훨씬 더 수월하다.

62 국가도 한 개인이 언제부터 자유인으로 행동하기 시작하는지 자체적으로 정하고 있다. 그 나이가 되기 전까지는 충성 서약이 필요 없고, 나라의 정부를 공적으로 승인하거나 복종하지 않아도 된다.

63 인간의 자유, 자신의 의지에 따라 행동할 수 있는 자

유는 이성을 가지고 있다는 사실에 근거를 두고 있다. 이성은 인간이 스스로를 다스리는 법을 가르쳐주며, 자기 의지의 자유를 어디까지 밀고 나갈 수 있는지 알게 해준다. 이성의 인도를 받기 전에 무제한적인 자유를 부여하는 것은 자유로운 본성의 특권을 허용하는 게 아니라 오히려 짐승처럼 만들고 인간의 수준에 미달하는 비참한 상태로 내모는 격이다. 그렇기 때문에 부모에게 미성년 자식을 다스릴 권한을 부여하는 것이다. 신은 부모에게 자식 돌보는 일을 의무로 정했다. 아울러 신은 자식이 부모의 슬하에 있는 동안 부모가 그 권력을 신의 지혜가 의도한 대로 자식의 행복을 위해 알맞게 쓰도록 하기 위해 부모에게 상냥하고 자애로운 성품을 내려주었다.

64 그런데 자식을 보살피는 부모의 당연한 의무가 어떤 이유에서 아버지의 절대적이고 전횡적인 지배로 전화될 수 있는 걸까? 원래 부권의 행사는 아버지가 가장 효과적이라고 여기는 훈련 방식에 의해 아이의 신체에 힘과 건강을 부여하고, 아이가 장차 스스로에게나 남들에게 쓸모 있는 사람으로 자라는 데 가장 적합하다고 여겨지는 활기와 정직함을 아이의 정신에 부여하는 정도에 그치는 게 보통이다. 또한 여건에 따라 필요하다면, 아이가 스스로 생활을 영위할 수 있도록 하기 위해 일을 하게 할 수도 있다. 하지만 이 권력은 아버지 못지않게 어머니도 가지고 있다.

65 그 권력은 자연의 특별한 권리에 의해 아버지에게

부여되는 게 아니라 자식의 보호자라는 이유로 부여되는 것이다. 따라서 그 보호가 중단되면 아버지는 자식에 대한 권력을 상실한다. 즉 그 권력은 자식을 부양하고 교육하는 일과 불가분하게 결합되어 있다. 또한 친부만이 아니라 버려진 아이의 양부도 그 권력을 가지고 있다. 그러므로 단지 아이를 낳기만 하고 보호하지 않았다면, 아버지라는 명칭과 권위를 부여하는 것이 오로지 그 자격뿐이라면, 아이에 대한 권력은 거의 미미하다. 그렇다면 여성이 여러 명의 남편을 거느리는 사회에서 부권은 어떻게 될까? 혹은 아메리카 여러 지역에서 흔히 보듯이, 남편과 아내가 헤어질 때 아이들이 어머니에게 맡겨져 어머니를 따르고 전적으로 어머니의 보호와 양육을 받을 경우 부권은 어떻게 될까? 아이들이 어릴 때 아버지가 사망할 경우 아이들은 아버지가 살아 있을 때 그랬던 것처럼 성년이 될 때까지 어머니에게 복종해야 하는 걸까? 그럴 경우 어머니가 자기 자식들에 대해 입법권을 가졌다고 말할 수 있을까? 그렇다면 어머니는 자기 마음대로 법을 정해 재산에 관한 모든 사항을 규제하고 자식들의 자유를 평생토록 속박하는 항구적인 의무를 부여할 수도 있지 않을까? 혹은 사형이라는 중벌을 앞세우면서 자식들에게 그 법을 준수하도록 강요할 수도 있지 않을까? 사실 그것은 위정자의 고유한 권력이며, 아버지에게는 그런 권력이 조금도 없다. 아버지가 자식에게 가지는 명령권은 일시적일 뿐 아니라 자식의 생명이나 재산까지는 미치지 못한다. 단지 연약하고 불완전한 미성년 자식들을 돕기 위한 것일 뿐이며, 교육에 필요한 훈련을 하는 데 지나지 않는다. 아버지는 자식들이 굶어죽을 위험에 처해 있지 않을 경우 자신의 재산을 마음대로 처분할 수 있지만, 그렇다 해도 그의 권력은 자식들의 생명까지 좌우하지 못하며, 자식들이 노력이나 타인의 은혜로 획득한 재물에까지 연장되지는 않는다. 또한 자식들이 참정권을 행사할 만큼 분별력을 가지게 되면 아버지의 권력은 자식들의 자유에 영향을 미치지 못한다. 그때 아버지의 제국은 끝나고 이후에는 아들의 자유를 타인의 자유에 대해서만큼이나 간섭할 수 없다. 절대적이거나 항구적인 관할권과는 크게 다르다. 인간은 "부모를 떠나 그의 아내와 합하라"는 신의 허락을 받아 그 권력에서 벗어날 수 있다.

66 아버지 자신이 다른 누구의 의지에서 자유롭듯이 아이도 아버지의 의지와 명령으로부터 자유로워지는 시기가 온다. 그때가 되면 아버지와 아들은 둘 다 자연법이든 국법이든 공통적인 법 이외에 어떤 제약도 받지 않는다. 하지만 자유롭다고 해서 아들이 신과 자연의 법에 따라 부모를 공경해야 하는 의무에서 벗어나는 것은 아니다. 신이 부모를 만든 것은 자식에게 삶의 기회를 주고 인류를 존속시키기 위한 원대한 기획의 일환이었다. 신은 부모에게 자식을 먹이고 보호하고 양육하는 의무를 부여한 것처럼 자

식에게도 부모를 공경하는 항구적인 의무를 부여했다. 거기에는 내적인 존경과 경의를 외적으로 표현하는 것도 포함되는데, 이는 자식이 자신에게 행복과 생명을 준 부모의 행복이나 생명을 훼손하거나, 모욕하거나, 저해거나, 위태롭게 하지 못하도록 하기 위해서다. 또한 자식은 자신을 낳아주고 삶의 즐거움을 준 부모를 보호하고, 구호하고, 돕고, 안락하게 해주어야 한다. 자식은 어떤 상태에 있더라도, 아무리 자유롭다 해도 그 의무를 저버릴 수 없다. 하지만 이것은 부모에게 자식에 대한 명령권이나 자식의 삶과 자유를 부모 마음대로 처리할 법을 정하는 권력을 주는 것과는 크게 다르다. 부모를 공경하고 존중하고 감사하고 돕는 것과, 부모에게 절대적으로 복종하고 순종해야 한다는 것은 전혀 다른 일이다. 부모는 마땅히 존경으로 대해야 하며, 군주라 해도 자기 어머니에게 그렇게 해야 한다. 하지만 그렇다고 해서 군주가 권위를 잃거나 어머니의 통치에 예속되는 것은 아니다.

67 미성년자 자식은 아버지에게 일시적 지배권을 부여하지만 그것은 성년이 되면 끝난다. 반면 부모는 자식에게서 항구적인 존경, 존중, 지지, 순종의 권리를 가지는데, 이것은 아버지가 자식을 보살피면서 쏟은 비용과 정성에 비례한다. 이것은 미성년기로 끝나지 않고 평생에 걸쳐 어떤 경우에든 유효하다. 하지만 아버지가 미성년기의 자식을 교육하는 데서 가지는 권리와 평생 존경을 받을 권리

를 구분하지 못하면 이 사안에 관해 큰 잘못을 빚을 수 있다. 정확히 말하면, 앞의 권리는 부권에 속한 특전이라기보다는 자식의 특권과 부모의 의무라고 봐야 한다. 자식을 먹이고 가르치는 것은 부모가 자식을 위해 마땅히 해야 할 일이며, 누구도 그 일에서 면제되지 않는다. 거기에는 자식에게 명령하고 질책하는 권력도 따르지만, 신은 인간의 본성을 자식에게 친절하도록 만들었으므로 부모가 그 권력을 지나칠 만큼 엄격하게 행사할 우려는 거의 없다. 오히려 반대 방향으로 과도해질 가능성이 높다. 그래서 신은 이스라엘 백성들을 부드럽게 대하면서도 때로는 호되게 꾸짖기도 한다. "사람이 그 아들을 징계함 같이 네 하나님 여호와께서 너를 징계하시는 줄 마음에 생각하고"(《신명기》, 8장 5절). 이렇게 신은 친절한 애정으로 백성들을 대했고, 그들에게 내린 규율도 가혹하다기보다는 절대적인 최선의 것이었다. 오히려 규율을 완화할 경우 애정이 덜하다고도 할 수 있었다. 자식에게 복종을 명하는 권력은 바로 부모의 노력과 근심이 더 커지거나 보람을 잃지 않도록 하기 위한 것이다.

68 다른 한편으로, 부모에게서 받은 은혜에 보답하기 위해 부모를 공경하고 돕는 것은 자식의 필수적인 의무이자 부모의 고유한 특권이다. 자식은 부모에게서 받은 만큼 부모에게 돌려주는 것이다. 그러나 자식의 의무보다는 부모의 의무인 교육이 더 강력하게 여겨진다. 연약하고 무지

한 유년기에는 금지와 교정을 필요로 하기 때문이다. 그것은 규칙의 명백한 이행이며 일종의 지배다. 존경이라는 말로 이해되는 의무는 아무래도 복종의 강도가 덜하며, 어린이보다 어른에게 더 강력하게 작용한다. 자식을 가진 사람이 "자식은 부모에게 복종해야 한다"는 명령에 따른다는 이유로, 자신이 아버지에게 복종하는 것처럼 자신의 어린 자식도 자신에게 똑같이 해야 한다고 생각할 수 있을까? 또한 아버지의 모든 명령에 복종해야 한다는 가르침을 구실로, 권위의 자만에 빠져 아직 어린 아들을 함부로 대해도 된다고 생각할 수 있을까?

69 부권의 첫째 부분, 즉 교육의 의무는 아버지의 몫이며, 교육을 마칠 시기가 되면 저절로 소멸된다. 물론 그 이전이라도 남에게 그 의무를 넘길 수 있다. 아들의 교육을 남의 손에 맡길 수도 있기 때문이다. 아들을 남의 도제로 보낼 경우 그 기간에는 부모에게 복종해야 하는 아들의 의무가 상당 부분 면제된다. 그러나 그 경우에도 부모를 공경해야 하는 의무는 여전히 남는다. 이것은 결코 없어지지 않으며, 그는 부모에게서 분리되지 않는다. 아버지의 권위로 어머니의 권리를 박탈할 수도 없고, 아들에게 어머니를 공경하지 말라고 강요할 수도 없다. 그래도 그것은 법을 만드는 권력이 아니며, 자식의 재산, 자유, 신체, 생명에 영향을 주는 징벌을 집행할 수도 없다. 자식에게 행사하는 명령권은 미성년기가 끝나면서 사라진다. 그 뒤에도 부모

에 대한 공경과 존중, 부양과 보호, 감사의 의무는 사라지지 않는다. 인간이 진정으로 누릴 수 있는 최고의 은혜는 언제나 아들에게서 부모에게로 향해야 하기 때문이다. 그러나 그렇다고 해서 아버지에게 왕권과도 같은 명령권이 주어지는 것은 아니다. 아버지는 아들의 재산이나 행동을 지배하지 못하며, 모든 일에서 자신의 의지를 아들에게 관철시킬 권리를 갖지 못한다. 물론 자신과 가족에게 그다지 폐가 되지 않는 여러 가지 일에서는 아들도 계속 부모에게 경의를 표해야 할 것이다.

70 인간은 노인이나 현인에게 공경과 경의를 품을 수도 있다. 또한 자신의 자식이나 친구를 보호할 수도 있고, 가난한 사람을 구호할 수도 있다. 때로는 자기가 가진 모든 것을 동원해도 충분히 보답하지 못할 정도로 큰 도움을 입는 경우도 있을 것이다. 하지만 그렇다고 해서 신세를 진 사람에게 자신을 지배하는 법까지 제정할 수 있는 권한이나 권리를 부여하는 것은 아니다. 아버지라는 자격만으로 그럴 수 없다는 것은 명백하다. 물론 앞에서 말했듯이 어머니에게도 그 권리의 몫이 있기 때문이기도 하다. 하지만 그것만이 아니라 부모에 대한 의무와 자식에게 요구되는 공경의 정도가 자식을 양육하는 데 얼마나 관심을 쏟았는지, 어떤 어려움이 있었고 어떤 비용이 들었는지에 따라 달라지기 때문이다.

71 그렇다면 우리는 부모 자신도 사회의 구성원이면서

어떻게 자식에 대한 권력을 보유하는지, 그리고 자연 상태에 있는 사람처럼 자식의 복종을 요구할 권리를 가지는지 알 수 있다. 만약 정치권력이 부권에 속하고 실제로 양자가 동일하다면, 그런 일은 불가능할 것이다. 그 경우 모든 부권이 군주에게만 있고 백성들은 자연히 아무런 부권도 가지지 못할 것이기 때문이다. 하지만 정치권력과 부권은 서로 완전히 다르고 분리되어 있다. 기반도 다르고 목적도 차이가 크다. 그래서 아버지의 신분을 지닌 모든 백성들은 군주가 국민에게 가지는 것과 같은 권력을 자기 자식에게 가진다. 또한 부모를 모시는 모든 군주는 가장 비천한 백성이 자기 부모에게 하는 것과 같은 의무와 복종을 자기 부모에게 해야 한다. 그러므로 부권에는 군주나 위정자가 백성들에게 행사하는 것과 같은 지배권이 전혀 포함되지 않는다.

72 부모가 자식을 양육하는 의무와 자식이 부모를 공경하는 의무는 한 측에 전권을 부여하고 다른 측에 복종을 요구한다. 이것이 부모와 자식 간의 고유한 관계다. 하지만 아버지는 자식을 복종시키는 또 하나의 일상적 권력을 가지고 있다. 다른 사람들도 그것을 가지고 있으나 겉으로 드러나는 경우는 거의 언제나 가정 내에서다. 다른 곳에서는 보기 드물고 눈에 잘 띄지 않지만, 일반적으로는 부권의 일부로 통한다. 그것은 누구든 자기 마음에 드는 사람에게 자신의 재산을 줄 수 있는 권력이다. 아버지의 재산은 자식에게 상속되는 게 보통인데, 그 비율은 대개 각 나

라의 법과 관습에 의해 정해져 있다. 하지만 아버지는 자식이 어떻게 자신의 의지와 기분에 맞춰 처신하느냐에 따라 재산을 더 적게 혹은 많이 줄 수 있다.

73 이것은 자식의 복종에 적지 않은 구속력을 가진다. 토지를 가진 사람은 그 토지가 속한 나라의 정부에 복종할 수밖에 없다. 마찬가지로 아버지는 보통 자식을 자신이 속한 나라의 정부에 복종하도록 강요할 수 있으며, 그 계약은 후손들에게도 효력을 발휘한다고 간주된다. 그러나 그것은 토지와 그 정부 치하에서의 재산 상속에 부속된 필요조건에 불과하므로 그 조건으로 재산을 받으려는 사람에게만 영향을 미친다. 따라서 그것은 자연적 속박이나 약속이 아니라 자발적 복종일 따름이다. 모든 사람의 자식은 본래 자기 아버지나 조상들처럼 자유롭기 때문에 자신이 속하고 싶은 사회, 살고 싶은 국가를 선택할 수 있기 때문이다. 그러나 누구든 조상의 유산을 상속받고자 한다면 조상과 똑같은 조건을 수락해야 하며, 유산에 부속된 조건에 따라야 한다. 바로 이 권력을 이용해 아버지는 자식이 성년에 이르렀을 때도 자신에게 복종하라고 강요하며, 이러저러한 정치권력에도 복종하게 한다. 그러나 그 어느 것도 부권의 특별한 속성은 아니며, 단지 보상을 보장하는 대가로 순종을 요구하는 것뿐이다. 말하자면 프랑스인이 영국인에게 토지를 물려주겠다고 보장하면서 영국인의 복종을 요구하는 권력과 다를 바 없다. 영국인이 장차 그 재산을 향유

하려면, 프랑스든 영국이든 그 토지가 속한 나라의 재산에 부속된 조건을 수락해야만 한다.

74 그렇다면 결론을 내려보자. 아버지의 명령권은 자식이 미성년일 때에만 유효하며, 그 나이의 자식을 훈육하고 다스리는 데만 적합하다. 그리고 자식은 평생토록 부모에게 공경과 존경으로, 라틴인들이 효심이라고 말하는 것으로 대해야 하며, 반드시 부모를 돕고 보호해야 한다. 하지만 그렇다고 해서 아버지가 자식을 다스릴 권리, 즉 법을 제정해 자식에게 징벌을 가할 권력을 가지는 것은 아니며, 아들의 재산이나 행동을 지배하지도 못한다. 이 세상의 초기에는 그런 일이 충분히 가능했다. 또 지금도 인구가 희박한 곳에서는 가능하다. 가족들이 무주공산으로 흩어져 외딴 곳에 터를 잡을 수 있는 지역에서는 가족의 아버지가 군주처럼 군림할 수 있다.* 아버지는 자식들이 아주 어릴 때부터 지배자였다. 자식들은 모종의 통치가 없으면 살아가기 어렵기 때문에 자식들이 자랐을 때 명시적이거나

---

* 그러므로 대철학자의 다음과 같은 견해는 일리가 있다. "모든 가정의 주요한 인물은 늘 왕과 같은 존재였다. 식솔들이 한데 뭉쳐 시민사회를 이루었다고 보면 왕은 그 첫 번째 지배자였다. 그 때문에 아버지라는 명칭은 지금도 아버지들 중에서 지배자가 된 사람들에게 남아 있다. 또한 고대의 지배자들이 멜기세덱(구약성서에 나오는 왕-사제: 옮긴이)처럼 행동하고, 왕이 초기의 아버지들처럼 사제의 지위를 겸임했던 고대의 관습도 같은 이유에서 비롯되었을 것이다. 하지만 이것이 세상에서 인정을 받는 유일한 통치 조직은 아니다. 한 가지 조직이 불편하면 온갖 조직들이 생겨나게 마련이다. 그러므로 한마디로 말하면, 각종 공공 조직들은 전부 그것을 편리하고 유익하게 보는 사람들 간의 신중한 논의와 타협에서 생겨난 것이다. 본성으로만 생각한다면, 인간이 아무런 공적 조직 없이 살아가는 것도 불가능한 일은 아니다"(후커, 《교회 정치론》, 1권, 10절).

묵시적인 동의에 의해 아버지를 통치자로 정하는 것은 당연했다. 하지만 아무런 변화도 없이 그대로 유지되었던 것 같지는 않다. 무엇보다 필요했던 것은 모든 자유인이 본래 가졌던 자연법의 집행권을 가족 가운데 아버지에게만 허용하는 것이었다. 그렇게 권력을 양도받은 아버지는 자식들이 가족 안에 머무는 동안 군주로 군림했다. 그러나 그것은 부권에 의한 게 아니었고 분명히 자식들의 동의에 따른 결과였다. 만약 이방인이 우연히 또는 용무로 그 가족에 들어와 자식들 중 한 명을 죽이거나 범죄를 저질렀다면, 아버지는 그를 마치 자기 자식처럼 간주하고 처형하거나 징벌을 가했을 것이다. 그런데 자기 자식이 아닌 사람을 처벌하는 것은 부권만 가지고는 불가능한 일이다. 아버지가 그렇게 할 수 있는 이유는 인간으로서 자연법의 집행권을 가졌기 때문이다. 가족 중에서 오로지 아버지만이 그를 처벌할 수 있다. 자식들은 아버지에 대한 존경으로 집행권의 행사를 포기했고, 가족 중에서 아버지에게 가장 큰 존엄성과 권위를 가져야 한다고 여겼다.

75 그래서 자식은 묵시적이고 거의 회피할 수 없는 동의에 의해 자연스럽게 아버지에게 권위와 지배권을 양도하게 되었다. 자식은 유년기부터 아버지의 지시를 따르고 사소한 다툼의 해결을 아버지에게 맡기는 데 익숙해졌다. 그러니 자식이 나중에 자랐을 때도 자식을 지배하는 데 적합한 사람이 따로 있겠는가? 자식은 재산도 별로 없고 욕심

도 많지 않았으므로 큰 분쟁을 일으킬 소지는 없었다. 자식들 중 누가 분란을 일으키더라도 아버지보다 더 적합한 심판이 있겠는가? 자식들은 전부 아버지의 보호와 보살핌을 받으며 성장하지 않았던가? 그러니 미성년기와 성년기의 구별이 없는 것은 당연했다. 스물한 살이 넘어 스스로 판단하고 자기 재산을 자유로이 처분할 수 있게 되었을 때도 자식은 피보호자의 상태를 벗어나려 하지 않았다. 이후 자식에 대한 지배는 제약이라기보다 보호에 가까웠다. 자식은 아버지의 치하에 있을 때보다 더 확고한 평화, 자유, 재산의 안전을 얻을 수는 없었던 것이다.

76 이리하여 가족의 아버지는 서서히 가족의 정치적 군주로 자리 잡았다. 어쩌다 아버지가 오래 살면서 재능 있고 훌륭한 자식들을 두면 몇 세대에 걸쳐 세습적 왕국의 기반이 구축되었고 그렇지 않은 경우에는 선거제를 시행하는 왕국이 탄생했다. 왕국의 구조와 관습은 우연이나 계획에 따라 몇 가지 형태를 취하게 되었다. 그러나 만약 군주가 자기 아버지의 권리를 물려받아 왕위에 오른다면, 그리고 아버지가 일반적으로 실질적 통치의 임무를 장악한 사람이라는 사실이 아버지의 정치적 권위를 증명하는 충분한 자연적 증거가 된다면, 내가 보기에 모든 군주는 단순한 군주만이 아니라 사제여야만 한다. 태초부터 확실한 사실이지만, "가족의 아버지는 자기 가족의 지배자이자 사제였기 때문이다".

정치사회 혹은
시민사회에 관하여

77 신은 인간을 창조할 때 자신의 판단에 따라 혼자 사는 게 좋지 않다고 여기고, 필요와 편익, 성향을 고려해 인간에게 사회를 형성하라는 강력한 의무를 부여했으며, 사회를 유지하고 향유하는 데 필요한 분별력과 언어도 주었다. 남녀로 이루어진 최초의 사회는 부모와 자식의 사회로 발전했고 이내 주인과 하인의 사회도 태동시켰다. 이 사회들은 서로 만나 일족을 이룰 수 있었고 실제로도 그렇게 되는 경우가 많았다. 그 일족에서는 주인이나 여주인이 적절한 형태의 지배권을 소유했다. 이들 사회는 목적, 연고, 범위가 각기 달랐다는 점에서 개별적으로나 전체적으로나 정치사회에 미치지 못했다.

78 부부 사회는 남녀의 자발적 계약으로 이루어진다. 이 사회에서는 신체적 결합과 신체에 대한 권리가 주로 생

식이라는 목적에 국한되지만, 그와 더불어 상호 지지와 지원, 이해관계의 결합도 생겨난다. 이는 부부간에 관심과 애정을 통합하는 데 필요할 뿐 아니라 공동의 자식을 위해서도 필요하다. 자식이 스스로 살아갈 능력을 갖출 때까지는 부부가 함께 보살피고 지켜줘야 하기 때문이다.

79 남자와 여자가 결합하는 목적은 단지 생식에만 있는 게 아니라 종의 존속에도 있다. 그러므로 그 결합은 생식 이후에도 유지되어야 한다. 자식이 스스로 일어설 수 있을 때까지 자식을 양육하는 것은 자식을 낳은 부모의 책임이다. 한없이 현명한 조물주가 정한 이 규칙은 하등한 생물들도 철석같이 지키고 있다. 풀을 먹는 태생胎生 동물의 경우 암수의 결합은 교미 행위가 끝난 뒤에는 지속되지 않는다. 새끼는 어미의 젖만 먹고도 나중에 풀을 뜯을 때까지 거뜬히 자랄 수 있고, 수컷은 새끼가 태어난 뒤 암컷이나 새끼의 생존에 아무런 도움도 주지 못하기 때문이다. 하지만 육식동물의 경우에는 암수의 결합이 오래간다. 어미가 잡은 먹이만으로는 어미 혼자 생존하기도 어려운데 많은 새끼들을 먹여 살리기란 불가능하기 때문이다. 생활 방식이 초식동물보다 더 힘들고 위험하므로 가족의 생존을 위해서는 수컷의 도움이 반드시 필요하다. 암수가 공동으로 보살피지 않으면 새끼들은 혼자 힘으로 먹이를 잡을 수 있을 때까지 살아남을 수 없다. 새의 경우도 마찬가지다. 둥지의 새끼들이 자라서 날개를 움직이고 스스로 살아갈 수 있을

때까지 부모가 먹여 길러야만 한다(집에서 기르는 닭은 먹이가 많아 수탉이 새끼를 먹이고 보살필 필요가 없으므로 예외다).

80 나는 바로 여기에, 여느 동물들과 달리 "인간의 암수가 더 오랜 결합을 유지하는" 유일하지는 않지만 주된 이유가 있다고 본다. 여자는 자식이 부모의 도움 없이 살아갈 수 있을 만큼 충분히 자란 뒤에도 또 자식을 낳을 수 있으며, 실제로 그런 식으로 자식을 여럿 낳는 게 보통이다. 또한 인간의 아버지는 자식을 보살펴야 하므로 여느 동물들과 달리 한 여자와 오래도록 결합 관계를 지속해야 할 의무가 있다. 다른 동물들의 경우 자식을 낳는 시기가 돌아오기 전에 기르던 새끼가 스스로 살아갈 수 있게 되므로 결합 관계가 저절로 해체된다. 자유의 몸이 된 암수는 해마다 히멘Hymen(그리스 신화에 나오는 결혼의 신: 옮긴이)의 부름에 따라 다른 짝을 찾는 것이다. 여기서 우리는 위대한 창조주의 지혜를 찬탄하지 않을 수 없다. 창조주는 인간에게 미래를 준비하고 현재의 필요를 충족시키는 선견지명과 능력을 주었으며, 인간의 부부 사회가 다른 생물들의 암수보다 더 오래 지속되도록 만들었다. 인간은 공통의 자식을 기르기 위해 부지런하게 살아야 하고 이해관계를 더 잘 통합시켜야 하는 것이다. 미래가 불확실하거나 결합 관계가 쉽게 자주 해체되면 혼란이 따를 수밖에 없다.

81 이리하여 인간은 다른 동물보다 더 공고하고 지속적인 결합 관계를 가지게 되었다. 그런데 여기서 한 가지 의

문이 생겨난다. 생식과 교육을 확보할 수 있고 상속도 도모할 수 있는 이 계약은 왜 다른 자발적인 계약처럼 동의에 의해, 또는 특정한 시기나 특정한 조건에 따라 해지될 수 없는 걸까? 사물의 본성을 살펴보면 평생토록 그 관계가 유지되어야 할 필요도 없고 목적도 없다. 게다가 그런 계약이 영속적이어야 한다고 규정한 실정법도 없다.

82 남편과 아내는 한 가지 공통적 관심사를 가지고 있을 뿐 지성적으로는 서로 다르므로 때로는 의지도 달라질 수 있다. 그러므로 둘 중 한 사람에게는 최종 결정권, 즉 지배권이 있어야 하는데, 그것은 자연히 더 유능하고 힘센 남자의 몫이 된다. 하지만 공통의 이해관계와 재산의 측면에서만 그럴 뿐이며, 아내는 계약에 의해 자유로운 소유권을 고유한 권리로서 확보하고 있다. 따라서 남편은 아내의 삶을 좌우하는 권력을 가지지 못하며, 아내도 남편의 삶을 좌우하는 권력을 가지지 못한다. 남편의 권력은 절대군주의 권력과 크게 다르다. 아내는 얼마든지 남편과 헤어질 자유를 가진다. 자연권으로 봐도 그렇고 계약으로 봐도 그렇다. 그 계약은 자연 상태에서 스스로 맺을 수도 있고, 자신이 사는 나라의 관습이나 국법에 따를 수도 있다. 그렇게 부부가 헤어질 경우 자식은 계약에서 결정된 대로 아버지나 어머니에게 의탁된다.

83 결혼의 목적은 자연 상태만이 아니라 정치적 지배하에서도 실현되어야 한다. 그러므로 위정자라고 해도 결혼

의 목적, 즉 결혼 기간에 이루어지는 생식이라든가 부부간의 상호 지원과 원조에 필수적인 양측의 권리나 권력을 침해하지는 못하며, 다만 남편과 아내 사이에 일어날 수 있는 다툼을 판결하는 일만 할 수 있다. 그렇게 하지 않으면 절대 권력과 생사여탈권이 자연히 남편에게 귀속된다. 만약 남편과 아내의 관계가 그렇게 정해진다면, 남편에게 그런 절대 권력이 허용된 나라에서는 결혼 자체가 불가능해질 것이다. 결혼의 목적을 위해서는 남편에게 그런 권력이 부여되는 게 필요하지 않다. 그것은 결코 부부 사회의 필요조건이 아니며, 부부 사회는 그렇게 하지 않아도 충분히 목적을 달성할 수 있다. 재화의 공유와 재화를 처분하는 권력의 공유, 상호 지원과 부양, 기타 부부 사회와 관련된 모든 것은 부부를 결합시키는 계약에 따라 달라지고 조정될 수 있다. 자식을 낳고 자식이 스스로 살아갈 수 있을 때까지 양육하는 일에만 부합한다면 얼마든지 가능하다. 사회를 구성한 목적에 필요하지 않은 것은 현재의 그 사회에도 필요하지 않은 법이다.

84 부모와 자식의 사회, 그리고 양측에 속하는 명백한 권리와 권력에 관해서는 앞 장에서 개략적으로 다룬 바 있으니 여기서 더 언급하지는 않겠다. 다만 그것이 정치사회와 크게 다르다는 점은 분명하다고 본다.

85 주인과 하인은 인류 역사만큼이나 오랜 명칭이지만 전혀 다른 상태에 놓인 사람들을 가리킨다. 자유인은 스스

로 자신을 파는 방식으로 다른 사람의 하인이 된다. 그는 정해진 기간 동안 맡은 용무를 처리하고 그 대가로 임금을 받는다. 하인은 보통 주인의 가족에 들어가 그 가족의 일상적인 규율에 따른다. 하지만 주인에게 임시로 권력을 양도하는 것일 뿐이며, 그 권력은 양측의 계약에 포함된 것보다 크지 않다. 하지만 노예라는 특별한 명칭으로 불리는 또 다른 종류의 하인도 있다. 이들은 정당한 전쟁에서 사로잡힌 포로이며, 자연권에 따라 주인의 절대적 지배와 전횡적 권력에 예속된다. 말하자면 노예는 자신의 삶을 빼앗기고 아울러 자유와 신분도 잃은 사람이다. 노예의 몸이기 때문에 재산을 전혀 가질 수 없다. 그런 상태인 탓에 그들은 재산의 보호를 주요 목적으로 삼는 시민사회에 속하는 것으로 간주되지 못한다.

86 그렇다면 가족의 주인은 아내, 자식, 하인, 노예가 가족 내의 규칙으로 뭉쳐 전부 복종을 바치는 인물이라고 볼 수 있다. 그런 점에서 가족은 서열, 직책, 구성원의 수에서 작은 국가와 유사하다. 하지만 그 구성, 권력, 목적은 국가와 사뭇 다르다. 굳이 가족을 왕국으로, 가장을 그 왕국의 절대군주로 본다면, 절대군주제는 매우 초라하고 짧은 권력에 불과하다. 앞에서 말했듯이 가족의 주인이 가족의 구성원들에게 행사하는 권력은 기간에서나 범위에서나 절대 권력과 크게 다르고 매우 제한적이다. 노예를 제외하면(노예가 있든 없든 가족은 어디까지나 가족이고 가장으로서의

권력은 달라지지 않는다) 가장은 가족 누구에게도 생사를 결정하는 법적 권력을 행사할 수 없으며, 그의 아내도 남편에 못지않은 권력을 가진다. 이렇게 가족 구성원 개인들에게 상당히 제한적인 권력만 가진 사람이 가족 전체에 대해 절대 권력을 행사할 수 없다는 것은 분명하다. 가족이나 인간 사회가 정치사회와 어떻게 다른지 알려면, 정치사회 자체가 어떤 것인지를 살펴보아야 한다.

87 앞에서 증명한 바 있듯이, 인간은 태어나면서부터 완벽한 자유를 누리고 자연법이 부여하는 모든 권리와 특전을 무제한적으로 향유할 자격을 가지고 있다. 이 점은 전세계 모든 인간이 평등하다. 인간은 자신의 소유물, 즉 생명, 자유, 재산을 다른 사람의 위해와 공격으로부터 보호할 천부적인 권력을 가지며, 나아가 다른 사람이 그 법을 침해했을 경우 판결하고 징벌하는 권력도 가진다. 심지어 극악한 범죄라고 판단되는 경우에는 사형까지도 가할 수 있다. 재산을 보호하고 사회 구성원의 범죄를 징벌하는 권력이 없이는 어떤 정치사회도 존재할 수 없고 존속할 수도 없다. 그렇기 때문에 사회 구성원 전원이 각자의 자연적 권력을 공동체에 위임해, 누구나 어떤 경우에도 사회가 제정한 법에 호소할 수 있도록 해야만 정치사회가 가능한 것이다. 이렇게 개별 구성원들의 모든 개인적 판단이 배제되면, 공동체가 확립된 규칙에 따라 모든 당사자들을 무차별하고 똑같이 심판하게 된다. 공동체로부터 그 규칙의 집

행권을 위임받은 사람들은 권리에 관한 사안을 놓고 사회 구성원들 간에 벌어질 수 있는 모든 차이를 해소하고, 어떤 구성원이 사회에 대해 범죄를 저질렀을 때 법이 정한 형벌을 가한다. 그에 따라 정치사회에 알맞은 사람과 그렇지 못한 사람을 쉽게 식별할 수 있다. 서로 결집해 하나의 집단을 이루면서 자기들 간의 다툼을 판결하고 죄인을 징벌하는 권위가 부여된 공통의 법과 재판소를 가진 사람들은 시민사회에서 살아가는 것이다. 반면 그런 공통의 기구(물론 세속적인 기구를 가리킨다)가 없는 사람들은 여전히 자연 상태에서 살아가는 것이다. 자연 상태에는 법과 재판소가 없고 각자가 스스로 판결하고 집행한다. 그것이 앞에서 제시한 완벽한 자연 상태다.

88 이리하여 국가는 사회 구성원이 저지르는 범죄에 어떤 징벌이 합당한지 결정하는 권력(입법권)과 그 사회 바깥에 있는 사람이 사회 구성원에게 가한 위해를 징벌할 권력(전쟁과 평화의 권력)을 가지게 된다. 그 목적은 사회 구성원 전체의 재산을 최대한 보호하는 데 있다. 시민사회에 들어와 국가의 구성원이 되는 모든 사람은, 자연법을 거스르는 범죄에 대해 자신의 개인적 판단에 따라 징벌할 수 있는 권력을 포기하는 셈이다. 하지만 개인이 위정자에게 호소할 수 있는 모든 사안에 관해 범죄의 판결권을 입법기구에 위임하는 것은 곧 국가에 개인의 힘을 이용할 권리를 양도한다는 것이다. 국가는 언제든 그것을 이용해 판결권을 집

행할 수 있다. 그 판결은 개인이 직접 할 수도 있고 대표가 맡을 수도 있으나 어쨌든 개인 자신의 판결인 것은 분명하다. 바로 여기에 시민사회가 행사하는 입법권과 집행권의 기원이 있다. 이 권력은 국가 내에서 저질러진 범죄를 어디까지 징벌해야 할지 실정법에 따라 판단하며, 국가 바깥으로부터 가해진 위해를 어디까지 응징해야 할지 그때그때의 상황에 맞게 적절히 결정한다. 이 두 경우 모두, 필요하다면 전체 구성원의 모든 힘을 이용할 수 있다.

89 그러므로 사람들이 하나의 사회로 결집해 모두 자신의 자연법 집행권을 공공에 위임하고 양도하면 그것으로써, 또 그럴 경우에만 정치사회 혹은 시민사회가 성립한다. 또한 자연 상태의 사람들이 사회에 들어가 정부를 중심으로 하나의 민족, 하나의 정치체를 이루거나, 한 개인이 이미 구성된 정부에 참여할 때도 정치사회가 만들어진다. 그 개인이 사회에 자신의 권리를 위임하면, 입법기구가 그를 대신해 사회적 공익의 요구에 따라 법을 제정하며, 개인은 그 집행을 자기 스스로의 결정처럼 여기고 최대한 지지해야 한다. 그것으로 인간은 자연 상태에서 벗어나 국가 상태에 들어가게 되며, 온갖 다툼을 판결하고 국가의 전 구성원에게 일어날 수 있는 위해를 구제하는 권한을 가진 세속의 재판관이 생겨난다. 그 재판관이 입법기구, 혹은 입법기구가 임명하는 위정자다. 아무리 많은 사람들이 사회를 이루었다 해도 그런 결정권자가 없으면 자

연 상태와 다를 바 없다.

90 따라서 일부 사람들이 세계 유일의 정부라고 간주하는 절대군주제는 시민사회에 부합하지 않으며, 결코 시민 정부의 형태를 취할 수 없다. 시민사회의 목적은 모든 사람이 자신의 사안을 판결할 때 필연적으로 따르는 자연 상태의 불편을 피하거나 치유하는 데 있다. 이를 위해 시민사회는 사회 구성원이 위해를 당하거나 다툼이 일어날 때 호소할 수 있는 권위 기구를 설립하며, 모든 사회 구성원은 그것에 복종해야 한다.* 사람들 사이에 분쟁이 발생했을 때 판결을 의뢰할 수 있는 권위 기구가 없다면 여전히 자연 상태에 머문다고 보아야 한다. 절대군주의 지배 아래 사는 사람들도 마찬가지다.

91 절대군주가 입법권과 집행권을 둘 다 장악한 곳에는 재판관이 없다. 그래서 군주나 그의 명령으로 인해 위해나 불편을 겪게 될 경우, 공정하고 공평하고 권위 있는 심판을 받고 그 판결에 따라 구제와 배상을 받을 수 있는 길이 열려 있지 않다. 그런 처지에 놓인 사람은 차르나 황제 같은 직위에 있다 해도 그의 지배를 받는 사람이나 인류 전체와 마찬가지로 자연 상태에서 사는 것이나 다름없다. 두

---

* "사회의 공권력은 그 사회에 사는 모든 구성원보다 상위에 있다. 공권력의 주된 용도는 그 지배를 받는 모든 이에게 법을 베푸는 것이다. 그 법이 이성의 법이나 신의 법을 거스른다는 명백한 이유가 없는 한 우리는 그것에 따라야 한다."(후커, 《교회 정치론》, 1권, 16절)

사람이 사는 곳에 고정된 규칙이 없고 그들 간의 권리 분쟁을 판결하는 공통의 재판관도 없다면 그들은 여전히 자연 상태에 있는 것이며,* 그에 따르는 온갖 불편을 감수할 수밖에 없다. 이들은 절대군주의 백성이나 노예와 다를 바 없다. 차이가 있다면, 정상적인 자연 상태에서는 개인이 자신의 권리를 판단하는 자유와 그 권리를 유지하기 위해 최선을 다해 노력할 자유를 가지고 있는 반면, 재산이 군주의 의지와 명령에 의해 침탈될 경우에는 시민사회에서 사는 사람으로서 마땅히 가져야 하는 호소할 방법이 없는 것이다. 이럴 경우 인간은 이성적 생물의 일반적인 상태에서 밀려나 자신의 권리를 판단하고 옹호할 자유를 박탈당하게 된다. 그리하여 제약이 없는 자연 상태에 살면서도, 아첨으로 부패하고 권력으로 무장한 자들에게서 온갖 고통과 불편을 고스란히 당하는 처지로 전락한다.

92 절대 권력이 인간의 피를 맑게 해주고 인간 본성의

---

* 자연 상태에 수반되는 "상호 불만, 위해, 부정을 제거하는 방법은 하나밖에 없다. 당사자들끼리 공적 정부를 구성해 서로 타협과 협정을 맺고, 그것에 스스로 복종하고 지배와 통치의 권한을 부여하며, 그것으로써 모두의 평화와 안정, 행복한 상태를 확보하는 것이다. 인간은 무력과 위해가 닥치면 언제나 스스로를 방어할 줄 알았다. 비록 누구나 자신의 편익을 추구하기는 하지만, 그것이 남에게 위해를 가할 경우에는 그대로 방치하지 않고 모두가 선한 수단으로 맞서야 한다는 것도 알았다. 또한 누구나 자신의 이익을 지향하는 과정에서 편파적으로 치우치기 쉽기 때문에, 자신의 권리를 자기 혼자 결정하려 한다든가 그 결정을 무조건 고집해서는 안 된다는 것도 알았다. 그러므로 인간은 전체가 일부의 명령에 따르는 데 공동으로 동의하지 않으면 갈등과 분쟁이 끊임없으리라는 것, 그런 동의가 없으면 어떤 개인이 자기 마음대로 타인을 판결해야 하는 이유가 전혀 없다는 것도 알았다"(후커, 《교회 정치론》, 1권, 10절).

비천함을 바로잡아준다고 생각하는 사람은 이 시대나 다른 시대의 역사를 읽으면 아마 생각이 바뀔 것이다. 아메리카의 숲에서 거만하고 무례하게 처신했던 사람은 왕좌에 오른다 해도 더 나아질 게 없다. 그는 학문과 신앙을 이용해 자신이 백성들에게 저지르는 모든 행위를 정당화하려 할 것이며, 그것에 감히 의문을 제기하는 사람이 있으면 결국 칼로 침묵하게 할 것이다. 절대군주제가 제공하는 보호란 무엇인가? 절대군주는 어떤 종류의 국부國父인가? 그리고 이런 정부가 완전히 자리 잡으면 시민사회에 어느 정도의 행복과 안전을 줄 것인가? 이에 관해서는 실론의 최근 사정을 살펴보면 알기 쉽다.

93 세계의 다른 정부들과 마찬가지로 절대군주제에서도 백성들은 법에 호소할 수 있으며, 재판관이 분쟁을 판결하고 백성들 간에 벌어질 수 있는 충돌을 억제한다. 모두들 그런 상태가 반드시 필요하다고 여기며, 그것을 망치려 하는 자는 당연히 사회와 인류의 공인된 적이라고 믿는다. 그러나 그런 생각이 인류와 사회에 대한 참된 사랑에서 나왔는지, 우리 모두가 서로 간에 품은 박애 정신에서 나왔는지는 잘 따져볼 필요가 있다. 누구든 자신의 즐거움과 이득을 위해 땀 흘려 일해주는 짐승들이 서로 싸우거나 죽이는 일을 어떻게든 피하려 할 것이며, 또 당연히 그래야 한다. 곧 주인이 그들을 돌보는 마음은 그들을 사랑하기 때문이 아니라 자신을 사랑하기 때문이고 그들이 자신

에게 이익을 가져다주기 때문이다. 이런 상태에서 누가 감히 절대적 지배자의 폭압에 맞서 어떤 안전과 방어가 가능하겠는지 물을 수 있을까? 아마 묻는다 해도, 안전을 요구하는 것만으로도 사형을 받아 마땅하다는 대답을 들을 것이다. 물론 백성과 백성 사이에 모종의 조치, 법, 재판관이 필요하다는 사실은 누구나 인정한다. 하지만 그래도 지배자는 절대적이어야 하며, 그런 상황을 초월한 존재여야 한다고들 생각한다. 지배자는 더 큰 해악을 저지를 권력을 가지고 있기 때문에 그렇게 해도 부당하지 않다는 것이다. 그렇다면 힘센 자가 저지르는 위해를 어떻게 방지할지를 묻는 것 자체가 파벌과 반란을 조장하는 주장으로 비칠 것이다. 마치 인간이 자연 상태를 버리고 사회를 이루었을 때 한 사람만 빼고 모두 법의 제약을 받아야 한다는 데 모두들 동의한 듯하다. 더구나 그 한 사람은 자연 상태의 자유를 그대로 유지할 뿐 아니라 권력으로 그 자유를 더욱 확장하고, 마음 내키는 대로 행동해도 된다. 그것은 말하자면 족제비나 여우의 피해는 막으려 애쓰면서 사자에게 잡아먹히는 것은 안전하다고 생각하는 것과 다를 바 없다.

94 그러나 아첨꾼들이 사람들의 분별력을 아무리 조롱해도 감정마저 제거할 수는 없다. 만약 시민사회의 테두리 바깥에 있는 어떤 사람이 사회 안의 사람들에게 위해를 가한다고 하자. 그 문제에 대해 호소할 만한 세속의 기구가 없다면 사람들은 그와의 관계에서 자신들이 자연 상태에

있다고 여길 것이다. 그래서 사람들은 시민사회가 탄생한 목적이자 그들이 시민사회로 들어간 목적인 안전을 어떻게든 도모하려 할 것이다. 그래서 처음에 (이 논문의 뒷부분에서 더 상세히 다루겠지만) 어떤 선량하고 훌륭한 사람이 다른 사람들을 지배하는 위치에 올랐을 때, 사람들은 그의 덕을 일종의 자연적 권위로 여기고 존경하게 되었다. 그가 불화를 조정하는 솜씨를 보이자 묵시적 동의에 따라 최고 지배권이 그의 수중에 들어갔다. 사람들은 그저 그의 청렴과 지혜를 굳게 믿을 뿐 별다른 경계를 하지 않았다. 하지만 시간이 지나면서 권위가 주어지고, (몇몇 사람들의 설득에 의해) 관습에 신성함이 더해졌다. 부주의하고 식견이 짧고 순진했던 초기가 지나자 그 후계자들은 다른 성향을 가지게 되었다. 사람들은 자신의 재산이 그런 정부에서는 안전하지 못하다는 것을 깨닫게 되었다(정부는 재산을 보호하는 것● 이외에 다른 목적이 없다). 입법부든 의회든 모종의 집단적 기구로서 입법기구가 존재하지 않는다면 안전을 확신하지도 못하고 시민사회에 살고 있다는 생각을 할 수도 없었다.

● "처음에 어떤 종류의 통치가 자리를 잡았을 때는, 지배 방식이라고 해야 그저 지혜와 판단력에 모든 것을 맡긴다는 정도에서 크게 벗어나지 못했다. 그러다가 경험이 쌓이면서 사람들은 그런 방식이 모든 면에서 불편하다는 것을 알게 되었다. 치료 방법으로 생각해낸 것이 치료는커녕 상처를 더욱 악화시켰던 것이다. 사람들은 한 사람의 의지에 복종하는 것이 만인의 고통을 초래한다는 것을 알았다. 그리하여 법이 등장할 수밖에 없었다. 사람들은 법에 따라 자신의 의무를 사전에 숙지하고 그것을 위반할 경우 형벌이 가해진다는 것을 안다."(후커, 《교회 정치론》, 1권, 10절)

입법기구가 생겨나자 모든 사람이 그것에 복종했다. 아무리 비천한 사람이라 해도 입법기구의 일부로서 자신이 스스로 제정한 법에 따랐다. 법이 제정된 뒤에는 누구도 자신의 권한으로 법의 집행을 회피할 수 없었다. 누구도 신분을 내세워 면제를 요청할 수 없었고 자신이나 아랫사람의 잘못을 용서받을 수 없었다.● "시민사회에서는 누구도 사회의 법으로부터 면제되지 않는다." 누가 자기 마음대로 행동한 것으로 인해 다른 사람에게 피해가 발생했을 경우 배상이나 안전을 호소할 수 있는 곳이 없다면 자연 상태를 완전히 벗어나지 못한 것이며, 시민사회의 일부나 성원이 될 수 없다. 자연 상태와 시민사회가 똑같은 것이라고 말하는 사람이 있다면 모르겠지만, 나는 아직 그렇게 주장할 만큼 무정부 상태를 강력히 지지하는 사람은 보지 못했다.

● "시민법은 정치기구 전체의 소산이므로 그 기구의 각 부분을 지배한다."(후커, 《교회 정치론》, 1권, 10절)

정치사회의
탄생에 관하여

95 앞에서 말했듯이 인간은 태어나면서부터 자유롭고 평등하고 독립적이다. 누구도 이런 상태에서 제외되지 않으며, 자신의 동의가 없이는 타인의 정치권력에 예속되지 않는다. 그 타고난 자유를 스스로 박탈하고 시민사회와 결합하는 유일한 길은 다른 사람들과 합의를 이루어 공동체를 결성하는 것뿐이다. 그리하여 안락하고 편안하고 평화로운 삶을 누리고, 자신의 재산을 향유하고, 공동체 바깥의 침탈로부터 안전을 도모하는 것이다. 그런 합의는 사람들의 수와 무관하다. 모두가 다른 사람들의 자유를 해치지 않으면서 함께 자연 상태의 자유를 누리는 것이 가능하기 때문이다. 사람들이 하나의 공동체나 정부를 구성하기로 동의하고 그로써 통합을 이루어 하나의 정치기구를 만들면, 그 다수는 나머지에게 영향을 가할 수 있고 결정권을

갖게 된다.

96 각 개인의 동의에 따라 공동체를 이루면, 그 공동체는 한 사람처럼 행동하는 권력을 가지며, 다수의 의지와 결정에 의해서만 움직인다. 공동체를 움직이게 하는 것은 오로지 그것에 속한 개인들의 동의뿐이다. 그렇게 한 몸이 되면 당연히 한 방향으로만 움직여야 한다. 즉 다수의 동의라는 큰 힘이 이끄는 방향으로 움직여야 하는 것이다. 그렇지 않으면 한 몸, 한 공동체로서 행동하고 유지하기가 불가능해진다. 그 공동체를 형성한 각 개인의 동의가 바로 그것을 요구하며, 모든 사람은 다수가 이끄는 그 동의에 구속된다. 따라서 실정법에 의해 의결권을 가지는 집회에서는 의결에 필요한 구체적인 수가 그 실정법에 정해져 있지 않을 경우, 다수의 의결이 전체의 의결로 간주되고 통용되며, 자연법과 이성의 법에 따라 전체의 권력을 가지게 된다.

97 이렇게 모든 사람의 동의에 따라 단일한 정부 아래 단일한 정치기구가 구성되면, 각 개인은 다수의 결정에 복종하고 그에 따라 행동해야 할 의무가 있다. 그렇지 않으면 전부를 하나의 사회로 통합시키는 원래의 계약이 무의미해진다. 각자가 예전의 자연 상태에서처럼 자유롭게 행동하고 아무런 구속도 받지 않는다면 애초에 계약이 없었던 것이나 마찬가지다. 그런 상태에서 어떤 형태의 계약이 있을 수 있겠는가? 구성원들이 저마다 자신이 옳다고 생각하는 것, 실제로 동의한 것 이외에 사회의 어떤 명령에도

구속되지 않는다면, 어떻게 새로운 약속이 가능하겠는가? 그럴 경우 누구나 계약 이전의 자연 상태에서 누렸던 막대한 자유를 여전히 누릴 수 있다고 여길 것이며, 자신이 옳다고 생각하는 것에만 복종하고 따르려 할 것이다.

98 만약 다수의 동의가 전체의 행위로 올바르게 수용되지 않고 각 개인에게 영향을 미치지 못한다면, 반드시 모든 사람의 동의를 얻어야만 전체의 행위가 성립할 수 있을 것이다. 하지만 그것은 불가능한 일이다. 비록 국가 전체로 보면 많지는 않겠지만, 건강에 이상이 있다거나 본업에 집중해야 하는 등 개인 사정으로 공공 집회에 참여할 수 없는 사람들이 있기 때문이다. 게다가 사람마다 견해가 다양하고 이해관계가 상충하는 경우도 있다. 그런 조건에서 사회에 들어가는 것은 카토가 극장에 들어가는 것과 다를 바 없다(기원전 2세기 로마의 정치가인 카토는 연극을 부도덕하게 여겨 어쩌다 극장에 가도 곧바로 나와버렸다고 한다: 옮긴이). 이런 제도에서는 아무리 강력한 리바이어던(성서에 나오는 괴물을 뜻하는데, 홉스가 힘센 국가를 가리키는 개념으로 사용했다: 옮긴이)이라 해도 연약한 생물보다 수명이 더 짧을 것이며, 아마 태어나자마자 하루도 버티지 못하고 죽어버릴 것이다. 합리적 생물이 원하고 구성하는 사회가 그렇듯 쉽게 해체되리라고 상상할 수는 없는 노릇이다. 다수가 나머지를 구속하지 못하는 곳에서는 한 몸으로 행동하기가 불가능하며, 따라서 곧바로 다시 해체될 것이다.

99 그러므로 자연 상태에서 벗어나 공동체를 결성한 사람은 사회를 결성한 목적을 위해 필요한 모든 권력을 공동체의 다수에게 위임한 것으로 간주되어야 한다(물론 그 다수보다 많은 사람들이 명시적으로 합의한다면 달라질 수 있다). 그러려면 개인들이 하나의 정치사회를 결성하는 데 동의해야 하는데, 이것이 바로 국가에 들어오거나 국가를 구성하는 개인들 간에 필요한 계약이다. 정치사회를 출범시키고 실제로 구성하려면, 다수를 이룰 수 있는 자유인들이 그런 사회를 구성한다는 데 동의해야만 한다. 반드시 그래야만 이 세계에 합법적인 정부가 등장할 수 있다.

100 이에 대해서는 두 가지 반론이 있다. 첫째, "서로 간에 독립적이고 동등한 사람들의 집단이 그런 식으로 정부를 구성한 사례는 역사에서 찾아볼 수 없다". 둘째, "모든 사람은 정부 아래에서 태어나 그 정부에 복종하게 되어 있고 새로운 정부를 구성할 자유가 없기 때문에 그런 일은 불가능하고 옳지 않다".

101 첫째 반론에는 간단히 답할 수 있다. 역사에는 자연 상태에서 살았던 사람들에 관한 기록이 거의 없다. 자연 상태는 불편했고 사람들은 사회를 사랑하고 원했다. 그래서 어느 정도의 수가 모이자 사람들은 계속 함께 살 생각이라면 사회를 형성해야 한다는 것을 알았다. 자연 상태에 살던 사람들에 관한 기록이 별로 없다고 해서 인간이 자연 상태에 있었던 적이 없다고 가정하는 것은, 살마나사르(기

원전 9세기 아시리아의 정복 군주: 옮긴이)나 크세르크세스(페르시아 전쟁을 일으킨 기원전 4세기 페르시아의 왕: 옮긴이)의 군대가 생겨나기 전의 기록이 별로 없다고 해서 그 병사들에게 어린 시절이 없었다고 가정하는 것과 마찬가지다. 통치는 어디서나 기록 이전에도 존재했다. 원래 문자란 시민사회가 상당 기간 존속하면서 여러 가지 기술을 이용해 사람들의 안전, 평화, 풍요를 확보한 이후에야 생겨난다. 그때가 되어야 사람들은 조상의 역사를 찾고 기원을 추적하지만, 이미 오랜 세월이 흘러 개략적인 기억만 남게 된다. 탄생과 어린 시절을 잘 알지 못하는 것은 개인이나 국가나 마찬가지다. 기원에 관해 뭔가를 알게 되었다면, 그것은 남들이 보관해온 우연한 기록의 덕분이다. 정치가 어떻게 시작되었는지에 관해 그나마 우리가 알고 있는 것은 전부 내가 앞에서 말한 기원의 사례나 그 흔적밖에 없다. 다만 신이 직접 개입한 유대인의 역사는 기록으로 남았는데, 이것도 부권적 지배와는 거리가 멀다.

102 자연적 지배와 복종이 없는 상태에서 자유롭고 서로 독립적인 사람들이 힘을 합쳐 로마와 베네치아를 건설했다는 것을 인정하지 않는 사람은 명백한 사실을 부인하려는 강력한 성향을 가진 사람이다. 호세 데 아코스타José de Acosta(16세기 말 페루로 파견된 에스파냐의 예수회 선교사: 옮긴이)의 주장에 따르면 아메리카에는 정부가 없는 지역들이 많다. 그는 이렇게 말한다.

이 페루 사람들에게 오랫동안 왕이나 국가가 없었다는
중대하고 명백한 추측이 있다. 오늘날 플로리다, 체리카
나족Cheriquana(안데스에 살았던 원주민 부족: 옮긴이), 브라질,
기타 여러 나라에서도 왕이 정해져 있지 않으며, 평화기
나 전쟁을 맞아 그때그때 적당한 지도자를 선출한다.

《인도의 자연과 도덕의 역사》, 1권 25장

그 지역에 사는 모든 사람이 태어나면서부터 자기 아버
지나 족장에게 복종한다고 하자. 그 복종은 자식이 아버지
를 대하는 당연한 태도이며, 복종한다고 해서 그가 염두에
둔 정치사회에 들어갈 자유가 박탈되는 것은 아니다. 어쨌
든 그 사람들이 실제로 자유로웠다는 것은 분명하다. 지금
의 일부 정치가들이 아무리 그들의 서열을 정하려 해도 그
들은 서열이 없었고 동의에 의해 전부가 평등했다. 그러다
가 그들은 역시 동의에 의해 지배자를 정했다. 그러므로
그들의 정치사회는 완전히 자발적인 결합, 스스로 지배자
와 정부 형태를 자유로이 선택하는 상호 합의로부터 비롯
되었다고 볼 수 있다.

103 유스티누스Justinus(3세기 로마의 역사가: 옮긴이)가 저서
3권 4장에서 말하듯이, 팔란투스(기원전 8세기에 스파르타 이
주민을 거느리고 이탈리아 남부로 왔다고 전해지는 인물: 옮긴이)
와 함께 스파르타를 떠난 사람들은 각자 독립적인 자유인
이었고 동의를 통해 자신들의 정부를 수립했다고 봐도 좋

을 것이다. 이와 같이 나는 자유롭고 자연 상태에 살던 사람들이 서로 뭉쳐 국가를 형성한 몇 가지 역사적 사례를 제시했다. 그런데 정부의 사례가 부족하다는 것을 구실로 삼아 과거에는 정부가 없었고 형성될 수도 없었다고 주장하는 사람들이 있다. 주로 부권 제국을 내세우는 사람들인데, 굳이 자연적 자유를 반대하기 위해 그것을 강조할 바에는 차라리 가만히 있는 편이 낫다. 그들이 역사에서 부권에 근거를 두고 생겨난 정부들의 사례를 내가 든 것처럼 많이 들 수 있다면(지금까지 그랬다고 해서 앞으로도 그래야 한다는 식의 주장은 별로 설득력이 없지만), 그들에게 한 발 양보한다 해도 큰 위험은 없을 것이라고 생각한다. 하지만 한 가지는 충고하고 싶다. 그들은 사실상 정부의 기원을 찾으러 나섰지만 너무 애써 찾지 않는 편이 좋다. 정부의 기원을 찾다가는 결국 그들의 의도, 그들이 내세우는 권력에 그다지 도움이 되지 않는 결과를 접하게 될 테니까.

104 결론적으로 말하면 우리가 명백히 옳다. 인간은 본래 자유로운 존재이며, 역사의 사례들이 보여주듯이 평화 속에서 탄생한 세계의 정부들은 우리가 말한 바와 같은 토대를 가지고 있었고 사람들의 동의에 의해 형성되었다. 어떤 주장이 옳은지, 최초의 정부 수립에 관한 지금까지의 이론과 실제가 어땠는지에 관해서는 의심의 여지가 없다.

105 솔직히 말해, 역사를 멀리 거슬러 올라가 국가의 기원을 살펴보면 대개 한 사람이 통치하는 국가를 발견하

게 되는 것은 사실이다. 또한 한 가족이 다른 가족과 섞이지 않아도 그 자체로 생존이 가능할 정도로 규모가 클 경우, 땅이 많고 사람이 적을 경우, 주로 아버지에게서 통치가 시작되는 것도 사실이다. 아버지는 자연법에 의해 다른 모든 사람과 마찬가지로 법을 거스른다고 판단되는 행위에 대해 징벌을 가할 권력을 가지고 있다. 그래서 자식이 법을 어기면, 미성년자는 물론이고 성년이 된 뒤에도 자식을 징벌할 수 있었다. 자식은 아버지의 징벌에 순종했고, 다른 누가 법을 어기면 아버지와 함께 징벌에 나섰다. 그런 식으로 아버지에게 법을 위반하는 행위에 대한 징벌권을 부여했던 것이다. 그 결과 아버지는 입법자이자 통치자가 되어 가족 전체를 다스렸다. 아버지는 신뢰를 주기에 가장 적합한 인물이었다. 아버지의 애정은 가족의 재산과 이익을 보호했다. 자식은 어린 시절부터 아버지를 따랐기에 다른 사람보다 아버지에게 복종하기가 더 쉬웠다. 함께 어울려 살아가는 사람들 사이에서는 어차피 통치가 없을 수 없었으므로 한 사람의 지배자가 필요하다면 그 후보는 단연 아버지였다. 가족 전체의 아버지는 게으르거나 잔인하거나 심신상의 결함이 있는 경우가 아니라면 여러 모로 적임자였다. 그런데 아버지가 죽고 다음 상속자가 연령, 지혜, 용기, 기타 자질의 면에서 지배자에 적합하지 않을 때, 혹은 몇 가족이 모여 함께 살기로 동의했을 때는 어떻게 될까? 당연히 자연적 자유를 행사해 가장 적합하다고 판단되는 사람을 지배자로 옹립할 것이다. 아메리카 민족이 좋은 예다. 그들은 페루와 멕시코 두 대제국의 정복과 영토 확장이 미치지 못하는 지역에서 자연적 자유를 누리고 살았으나, 다른 조건이 동일하다면 대체로 죽은 왕의 상속자를 선호했다. 하지만 그 후보가 우둔하고 무능할 경우에는 그 대신 가장 힘세고 용감한 인물을 지배자로 발탁했다.

106 이와 같이 기록을 멀리 거슬러 올라 세계에 인간이 살게 된 사정과 나라들의 역사를 살펴보면, 대개 통치자는 한 사람이었다는 사실을 발견하게 된다. 그러나 그렇다고 해서 내 주장이 무너지는 것은 아니다. 즉 정치사회는 개인들이 공동으로 하나의 사회를 이루는 데 동의하면서 출범했으며, 그렇게 결집한 사람들은 좋다고 여기는 정부 형태를 수립할 수 있었다. 하지만 그렇게 말하면 본래부터 통치가 군주제였고 아버지의 몫이었다고 착각할 수 있다. 여기서, 처음에 사람들이 대체로 군주제를 선택한 이유를 고찰해보는 것도 나쁘지 않을 것이다. 어떤 국가가 탄생하는 데는 아마 아버지의 지도력이 큰 역할을 했을 테고 처음에는 한 사람이 권력을 차지했을 것이다. 그러나 한 사람의 정부 형태가 유지된 이유는 부권을 존중하거나 존경했기 때문이 아니다. 그 이유는 모든 작은 군주들, 다시 말해 초기의 거의 모든 군주들이 일반적으로, 혹은 적어도 필요할 경우에는 선출제를 취했기 때문이다.

107 우선 처음에는 아버지가 자신의 자식들을 다스리는

과정에서 한 사람의 지배 체제가 익숙해졌다. 자식들은 아버지가 애정과 사랑에서 우러나오는 세심한 솜씨로 다스릴 때 인간이 사회에서 추구하는 모든 정치적 행복을 가져다줄 수 있다는 것을 배웠다. 그랬으니 사람들이 그런 정부 형태를 택한 것은 당연했다. 그런 통치가 어릴 때부터 익숙했고 경험을 통해 편안하고 안전하다는 것을 깨닫게 된 것이다. 게다가 사람들은 군주제를 단순명쾌하게 여겼다. 그들은 여러 가지 정부 형태를 경험하지 못했을 뿐 아니라, 제국의 야망과 오만을 겪지 않은 탓에 세습 군주제가 초래하기 쉬운 특권의 침탈이나 절대 권력의 폐해를 경계해야 한다는 것을 알지 못했던 것이다. 따라서 자신들이 지배권을 내준 사람의 부당한 행위를 억제하는 방법이나 정부의 권력을 몇 개 부분으로 나눠 권력의 균형을 도모하는 방법을 애써 고민하려 하지 않았다. 또한 사람들은 전제적 지배의 억압을 별로 느끼지 않았으며, 시대의 유행이나 재산, 생활 방식(이것은 누가 탐욕이나 야망을 품을 대상이 아니었다)에 비춰 봐도 굳이 그것을 우려하거나 반대할 이유가 없었다. 그러므로 사람들이 그런 정부 구조를 선택한 것은 당연하다. 그것은 앞에서 말했듯이 단순 명쾌할 뿐 아니라, 이것저것 법의 종류를 늘리기보다 외적의 침공과 위해에 맞서 방어가 더 절실했던 당시 그들의 상태와 조건에 가장 잘 맞았다. 평등하면서도 소박하고 가난했던 생활 방식에서는 욕망도 각자가 지닌 보잘것없는 재산의 좁은 테두리 내에 국한되었으므로 분쟁이 일어날 것도 별로 없었다. 따라서 분쟁을 처리하는 여러 가지 법이나 법 절차를 담당하고 정의를 집행하는 이러저러한 관리 따위가 필요하지 않았다. 위반 행위도 드물었고 위반하는 사람도 드물었던 것이다. 당시에는 사람들끼리 서로를 좋아해 사회를 형성했으므로 어느 정도 서로 간에 안식이 있었고 우정과 신뢰도 가졌으리라고 추측할 수 있다. 그래서 사회의 안보다 바깥에 대한 우려가 더 컸다. 사람들의 첫 번째 걱정거리는 외부의 침략에 맞서 어떻게 스스로를 지킬 것이냐에 있었다. 그러므로 그 목적에 가장 잘 맞는 정부 구조를 선택하고, 가장 현명하고 용감한 인물을 발탁해 전쟁에 나서야 적을 물리칠 수 있다고 믿은 것은 당연했다. 그 인물이 바로 지배자였다.

108 아메리카는 지금도 아시아와 유럽의 초기와 비슷한 체제를 취하고 있다. 이곳은 땅에 비해 주민의 수가 너무 적으며, 인력과 돈의 부족으로 사람들은 소유 토지를 늘리려 하거나 더 넓은 지역을 차지하기 위해 경쟁하려는 유혹을 느끼지 못한다. 그래서 인디언의 왕은 군대의 장군에 불과한 존재다. 전쟁이 벌어지면 절대적 명령권을 가지지만 국내에서나 평화기에는 거의 지배권을 행사하지 못하는 것이다. 평화와 전쟁을 결의할 권한은 보통 주민들이나 회의 기구에게 있다. 전쟁이 벌어지면 지배자가 다수라는 것은 용인될 수 없으므로 자연히 명령권을 왕이 단독으로 차지

한다.

109 이스라엘의 경우에도 판관과 초기 왕들의 주요 임무는 전쟁을 수행하는 군대 지도자였을 것이다. 이 점은 ("그가 백성 앞에 출입하며"라는 《구약성서》의 구절이 군대의 선봉에 서서 전장에 나갔다가 돌아온다는 의미라는 데서도 알 수 있지만) 입다의 이야기에서 뚜렷이 드러난다. 암몬인들이 이스라엘과 전쟁을 시작했을 때, 겁에 질린 길르앗인들은 예전에 사생아라는 이유로 추방했던 입다에게 전갈을 보내 암몬인들을 물리치는 데 도움을 준다면 그를 지배자로 섬기겠다고 약속했다. "백성이 그를 자기들의 머리와 장관을 삼은지라."(《사사기》, 11장 11절) 이것은 곧 사사(판관)가 되었다는 뜻이다. "입다가 이스라엘의 사사가 된 지 육 년이라"(《사사기》, 12장 7절)는 구절은 그가 6년 동안 총사령관이었다는 뜻이다. 또한 요담은 세겜인들이 그들의 판관이자 지배자였던 기드온의 은혜를 저버렸다고 비난하면서 이렇게 말한다. "우리 아버지가 전에 죽음을 무릅쓰고 너희를 위하여 싸워 미디안의 손에서 너희를 건져냈거늘."(《사사기》, 9장 17절) 기드온에 관해서는 장군으로서 거둔 업적 이외에 아무런 언급도 없다. 실제로 그와 여러 사사들의 이야기에는 그런 내용밖에 없다. 아비멜렉은 특별히 왕이라고 불리지만, 그도 그저 장군이었을 뿐이다. 사무엘의 아들들이 저지른 비행에 실망한 이스라엘 백성들은 왕을 요구했다. "우리도 다른 나라들 같이 되어 우리의 왕이 우리

를 다스리며 우리 앞에 나가서 우리의 싸움을 싸워야 할 것이니이다."(《사무엘상》, 8장 20절) 그러자 신은 그 요구를 허락하며 사무엘에게 말한다. "한 사람을 네게로 보내리니 너는 그에게 기름을 부어 내 백성 이스라엘의 지도자로 삼으라. 그가 내 백성을 블레셋 사람들의 손에서 구원하리라."(《사무엘상》, 9장 16절) 이렇게 보면 마치 왕의 임무는 단지 군대를 지휘하고 나라를 지키기 위해 싸우는 것뿐인 듯하다. 그에 따라 사무엘은 사울의 즉위식에서 그에게 기름 한 병을 머리에 부어주며 이렇게 말한다. "여호와께서 네게 기름을 부으사 그의 기업의 지도자로 삼지 아니하셨느냐."(《사무엘상》, 10장 1절) 그래서 사울이 미스바족에 의해 엄숙하게 왕으로 선택되고 경배를 받은 뒤 그를 왕으로 섬기지 않으려 한 사람들은 그저 "이 사람이 어떻게 우리를 구원하겠느냐"(《사무엘상》, 5장 27절)는 반박밖에 할 수 없었다. 마치 이 사람은 전쟁에서 우리를 방어해줄 재주와 지도력이 없으니 자기들의 왕으로서 적합하지 않다고 말하는 듯하다. 또한 신이 다윗에게 통치를 맡기는 장면은 이렇게 표현된다. "지금은 왕의 나라가 길지 못할 것이라. 여호와께서 그의 마음에 맞는 사람을 구하여 그의 백성의 지도자로 삼으셨느니라."(《사무엘상》, 13장 14절) 마치 왕권 자체가 군대의 지휘권에 불과한 듯하다. 그래서 사울의 가문에 집착하며 다윗의 지배를 거부했던 부족들은 나중에 다윗에게 복종한다는 조건으로 헤브론에 왔을 때, 사실상 사울의 재위 기간부터 다윗이 그들의 왕이었으니 이제 그를 왕으로 섬기지 않을 이유가 없다고 말했다. "전에 곧 사울이 우리의 왕이 되었을 때에도 이스라엘을 거느려 출입하게 하신 분은 왕이시었고 여호와께서도 왕에게 말씀하시기를 네가 내 백성 이스라엘의 목자가 되며 네가 이스라엘의 주권자가 되리라 하셨나이다."

110 한 가문이 점점 커져 국가를 이루고, 아버지의 권력이 맏아들에게로 이어진다. 그러면 모두들 그 맏아들에게 암묵적으로 복종한다. 편안하고 평등하며 누구도 언짢을 일이 없고 모두가 묵인한다. 그러다 이내 계승권을 법규로 확정하게 되는 때가 있었을 것이다. 그런가 하면 다른 과정도 있다. 몇 개 가문 혹은 몇 개 가문의 후손이 우연히 이웃하게 되거나 거래 관계로 모여 하나의 사회를 이룬다. 그러자 전쟁에서 적을 막아 그들을 지켜줄 장군이 필요해진다. 가난하지만 고결한 시대였기에 소박하고 진실한 사람들(오랫동안 지속되는 정부를 처음 출범시킨 사람들은 거의 다 그랬다)은 서로 크게 신뢰했다. 이런 사정으로 인해 처음 국가를 구성한 사람들은 대체로 한 사람에게 지배권을 부여했다. 특별한 제약이나 구속 따위는 없었고 단지 사물의 본성과 정부의 목적만이 고려되었다. 이 두 가지 과정 가운데 어느 것이 한 사람의 수중에 지배권을 주게 되었는지는 모르지만, 공익과 안전을 도모하기 위한 조치였던 것은 확실하다. 국가의 초창기에 지배권을 가진 사람들은 대체

로 그 목적을 위해 권력을 사용했다. 사실 그렇지 않았더라면 신생 사회는 존속할 수도 없었을 것이다. 공공의 안녕을 세심하게 돌보는 아버지들이 없었다면, 모든 정부는 취약한 유아기를 버티지 못하고 무너졌을 것이며, 군주와 국민도 함께 몰락했을 것이다.

111 그 황금기(헛된 야망과 사악한 탐욕이 인간의 마음을 타락시켜 진실한 권력과 명예에 눈을 감게 만들기 전의 시대)는 고결한 시대였고, 따라서 지배자와 백성의 됨됨이도 훌륭했다. 지배자는 특권을 남용해 백성을 억압하는 일이 없었고, 백성도 지배자의 특권을 왈가왈부하거나 권력을 제한하려 하지 않았다. 그러므로 지배자와 백성 간에 통치자나 정부에 관해 논쟁이 벌어지지 않았다. 그러나 야망과 사치의 시대가 다가오면서* 지배자는 주어진 임무를 수행하지 않고 권력을 늘리는 데만 열중했으며, 아첨까지 더해지면서 백성과 이해관계가 달라졌다. 그러자 사람들은 정부의 기원과 권리를 더 신중하게 검토해야 한다고 생각했으며, 권력의 남용을 억제할 방법을 찾았다. 자신들의 이익을 도모하기

---

* "처음에 특정 집단이 인정을 얻었을 때는 통치 방식에 대한 생각이 별로 없었다. 하지만 모두가 그들의 지혜와 판단 아래로 들어가 그 지배를 받게 되자 사람들은 이 경험이 모든 면에서 매우 불편하다는 것을 깨달았다. 그래서 해결책을 고안했으나 그것은 상처를 치료하기는커녕 더 곪게 만들었다. 이윽고 사람들은 한 사람의 의지에 복종하면 모든 사람의 불행이 초래된다는 것을 알았다. 그에 따라 어쩔 수 없이, 모든 사람이 각자의 의무를 사전에 숙지하고 그것을 위반할 경우 받게 될 처벌을 알게 하는 법이 제정되었다."(후커, 《교회 정치론》, 1권, 10절)

위해 권력을 다른 사람의 손에 맡겼는데, 오히려 자신들을 해치는 결과를 빚었음을 알게 된 것이다.

112 사람들은 본래 자유롭지만 자발적인 동의에 의해 정부나 자기 아버지에게 복종하게 되었다. 혹은 여러 가문이 모여 하나의 정부를 구성하기도 했다. 이것은 대체로 인정할 수 있는 사실이다. 사람들은 대체로 지배권을 한 사람에게 부여하고 그 사람의 지도를 받기로 결정했으며, 그의 정직함과 신중함을 충분히 믿었기 때문에 그의 권력을 제한하거나 제약하려는 명시적인 조치를 취하려 하지는 않았다. 하지만 군주제가 신의 법이라고는 꿈에도 생각하지 않았다. 우리는 최근에 신학이 보여주기 전까지는 그런 제도가 인간 사회에 있다는 이야기를 들어본 적이 없었다. 또한 사람들은 부권이 지배권을 가진다든가 모든 정부의 토대가 되는 것을 결코 용인하지 않았다. 따라서 역사에 비추어보면, 우리는 모든 평화로운 정부의 출범이 사람들의 동의에 기초한다는 결론을 충분히 내릴 수 있다. 평화로운 정부라고 말한 이유는 정복이 정부의 출범이라고 말하는 사람도 있기 때문인데, 이에 관해서는 다른 곳에서 언급하도록 하겠다.

우선 정치의 기원에 관해 다른 반론을 살펴보기로 하자.

113 "모든 사람은 이러저러한 정부 아래에서 태어나기 때문에 누구도 완전히 자유롭지 못하다. 마음대로 헤쳐 모여 새 정부를 구성하거나 합법적인 정부를 수립할 수는 없다."

이 주장이 옳다면, 왜 세계에 합법적인 군주정이 그렇게 많을까? 만약 누가 내게 세계의 어느 시대에든 한 사람이 자유로이 합법적 군주정을 세울 수 있다는 것을 보여준다면, 나는 그에게 열 사람이 똑같은 시대에 왕정이든 뭐든 새로운 정부 형태를 자유로이 세울 수 있다는 것을 보여줄 것이다. 태어나면서부터 남의 지배를 받는 한 사람이 새로 제국을 세워 남들을 지배할 권리를 가질 수 있다면, 태어나면서부터 남의 지배를 받는 모든 사람도 얼마든지 별개 정부의 지배자나 백성이 될 수 있을 것이다. 이와 같은 그들의 원칙에 따르면, 모든 사람이 신분과 무관하게 자유롭거나, 아니면 세계에 합법적 군주와 정부가 단 하나만 있어야 한다. 그렇다면 그들은 그 군주가 누구이고 그 정부가 무엇인지 확실하게 밝혀야 한다. 그들이 그렇게 한다면 나는 전 인류가 그 군주에게 선뜻 복종하리라는 것을 의심치 않는다.

114 그들의 반론에 맞서려면, 그들이 반대하는 논거가 바로 그들을 똑같은 어려움에 처하게 한다는 점을 보여주는 것으로 충분하다. 그 논거의 약점을 좀 더 파고 들어가보자.

"그들은 모든 사람이 정부 아래 태어났기 때문에 새 정부를 구성할 자유가 없다고 말한다. 누구나 태어날 때부터 아버지나 군주에게 종속되며, 항구적인 복종과 충성을 바친다고 믿는다." 하지만 인간은 태어날 때 타인에게 종속되지 않으며, 스스로 동의하지 않으면 타인과 종속 관계로

묶이지 않는다.

115 신성과 세속의 역사를 통틀어 살펴보면 태어난 고향, 자라난 가족이나 공동체를 떠나 다른 곳에서 새 정부를 수립한 사람들의 예가 부지기수로 나온다. 역사의 초창기에는 수많은 소국들이 그런 식으로 탄생했으며, 공간이 허락하는 한 그 수는 계속 증가했다. 그러다가 힘이 강하거나 운이 좋은 국가가 약한 국가를 합병해 큰 국가가 생겨났고, 그것이 다시 쪼개져 작은 국가들로 나뉘었다. 그 모든 것이 아버지의 주권을 부인하는 증거이며, 아버지의 자연권이 후계자에게 상속되어 초기의 정부가 형성된 게 아니라는 것을 말해준다. 작은 왕국들이 그토록 많았다는 사실을 감안하면 그것은 불가능한 이야기다. 인간이 가족이나 온갖 형태를 취한 기존의 정부로부터 스스로 분립할 수 있는 자유가 없었다면, 단 하나의 세계적 군주정만 남았을 게 틀림없다.

116 이것이 세계의 시작부터 지금까지 이어져온 관행이다. 이제는 법이 확립되고 정부 형태가 확정된 기존의 오래된 정치 체제 아래에서 태어난 사람이나, 숲에서 아무런 제약도 없이 되는대로 살아가는 주민들이나 똑같이 자유를 제약당하지 않는다. "정부 아래 태어났기 때문에 정부에 당연히 복종해야 하며", 더 이상 자연 상태의 자유를 가지거나 요구하지 못한다고 우리를 설득하려 하는 사람들이 내세우는 근거는 (앞에서 이미 논박한 바 있는 부권을 제외하면)

아주 간단하다. 즉 우리 조상들이 자연적 자유를 포기하고 스스로 정부에 복종했으므로 후손들도 모두 영구히 그래야 한다는 것이다. 물론 약속은 어떤 것이든 지켜야 할 의무가 있다. 그러나 어떤 계약으로도 자식이나 후손까지 구속하지는 못한다. 성인으로 자란 아들은 아버지처럼 전적으로 자유로운 존재이며, "아버지의 어떤 행위도 아들이나 어느 누구의 자유를 빼앗아갈 수는 없다". 물론 아버지는 자신이 국민으로 살았던 국가의 토지 재산을 아들에게 물려주는 조건으로, 아들도 그 공동체의 일원이 되어야 한다는 단서를 달 수 있다. 그 토지는 아버지의 재산이므로 아버지가 자기 마음대로 처분할 수 있는 것이다.

117 그런데 이 때문에 그 문제에 관해 오해의 여지가 생겨났다. 국가의 영토는 결코 분할이 용납되지 않으며, 그 공동체의 구성원 이외에 누구도 가질 수 없다. 따라서 아들은 아버지가 따랐던 조건을 그대로 수용해 그 사회의 구성원이 되어야만 정상적으로 아버지의 재산을 소유할 수 있다. 결국 아들은 그 국가의 다른 국민들처럼 기존에 확립된 정부 아래로 들어가게 된다. 그런데 "정부 아래 태어난 자유인은 동의에 의해서만 그 사회의 구성원이 된다"는 원칙은 다수에게 한꺼번에 적용되는 게 아니라 각자가 성년이 될 때 개별적으로 적용된다. 그래서 사람들은 자신도 모르는 사이에 아무런 동의도 없이, 심지어 동의가 필요하다는 것도 알지 못한 채, 성년이 되면 자연히 국민이 되는

것으로 믿는 것이다.

118 하지만 정부의 견해는 분명히 다르다. 정부는 "아버지에게 권력을 행사한다고 해서 아들에게까지 그렇게 하지는 못한다"고 주장한다. 즉 아버지가 피지배자라고 해서 자식까지 피지배자로 간주할 수는 없다는 것이다. 만약 어느 영국인이 프랑스에서 영국 여성과 결혼해 아이를 낳았다면 그 아이는 어느 나라의 백성일까? 영국 왕의 백성은 아니다. 영국인이 되려면 허가를 얻어야 하기 때문이다. 또한 프랑스 왕의 백성도 아니다. 만약 그렇다면 아버지가 어떻게 자기 자식을 영국으로 데려와 자기 마음대로 키울 수 있겠는가? 단지 부모가 외국에서 낳았다는 이유만으로 부모의 나라와 등지거나 싸워야 하는 처지가 된다면 그 사람을 매국노나 반역자라고 몰아붙일 수 있을까? 그렇다면 올바른 이성의 법칙만이 아니라 정부 자체의 관습에 의거해 볼 때도, "태어날 때부터 어느 나라나 정부의 신민인 아이는 없다"는 게 명백하다. 아이는 아버지의 교육과 권한 아래에서 분별력을 갖출 때까지 성장해 자유인이 되면 자신이 어느 정부에 속할지, 어떤 정치기구를 따를지 선택할 자유를 가진다. 프랑스에서 태어난 영국인의 아들이 자유로운 선택을 할 수 있다면, 그의 아버지가 이 왕국의 백성이라는 것은 당연히 그에게 아무런 구속력도 가지지 못하며, 그는 조상들의 어떤 계약에도 구애되지 않는다. 그렇다면 마찬가지로, 아들이 어디서 태어나든 똑같은 자유

를 갖지 못할 이유가 있을까? 아버지가 자식에 대해 가지는 자연적 권력은 자식이 어디서 태어나든 달라지지 않으며, 자연적 의무의 구속력은 왕국이나 국가의 현실적 경계와는 무관하다.

119 앞에서 말했듯이 인간은 누구나 태어나면서부터 자유롭고, 자신의 동의가 아니면 어떤 것에 의해서도 세속의 권력에 종속될 수 없다. 그렇다면 정부의 법에 종속되도록 하기에 충분한 동의의 선언은 무엇인지 따져봐야 한다. 일반적으로 동의는 명시적인 것과 묵시적인 것을 구별하는데, 이는 우리의 현안과 관련이 있다. 어떤 사람이 명시적인 동의에 따라 사회에 들어온다면 그가 완벽한 구성원이고 그 정부의 신민이라는 사실은 명백하다. 문제는 묵시적 동의를 어떻게 봐야 할 것인가에 있다. 그 구속력은 어디까지인가? 즉 어디까지 동의한 것인가? 또한 정부에 관해 아무런 견해도 표명하지 않았을 경우에는 어디까지 정부에 복종하는 것이라고 볼 수 있는가? 이 점에 관해 나는 정부의 영토 가운데 일부를 소유하거나 향유하는 사람이라면 누구나 묵시적으로 동의한 것이며, 그것을 계속 향유하는 한 그 정부의 법에 복종해야 한다고 생각한다. 그와 그의 상속자들이 영원히 그 토지를 소유하든, 아니면 일주일 동안만 이용하는 데 그치거나 자유로이 떠돌다가 잠시 머물든, 정부의 법은 그 정부의 영토 내에 있는 한 누구에게나 미친다.

120 이 점을 잘 이해하기 위해 이렇게 생각해보자. 모든

사람은 처음 어느 국가에 스스로 통합될 때, 그 행위로 인해 동시에 그가 가지고 있거나 앞으로 획득할 재산(아직 다른 어느 정부에도 귀속되지 않은 재산)이 속한 공동체에 복속된다. 인간이 함께 사회를 형성하는 목적은 재산을 획득하고 관리하기 위해서이며, 모든 사람의 땅과 재산은 그 사회의 법에 의해 통제를 받는다. 그런데 만약 땅 임자가 자신이 속한 정부의 지배로부터 벗어난다면 그것은 명백한 모순일 것이다. 정부에 복속됨으로써 인간은 그전까지 자유로웠던 자신의 신체를 국가에 통합하고, 그전까지 자유로웠던 자신의 재산도 통합한다. 그 신체와 재산은 둘 다 존재하는 한 정부와 국가의 영토에 복속된다. 그러므로 누구든 그 국가의 정부에 속한 토지의 일부분을 상속, 구입, 허가 등 여러 가지 방식으로 소유하려면, 거기에 함께 따르는 조건도 수용해야만 한다. 다시 말해 여느 국민들처럼 그 국가의 정부에 복종하고 그 지배를 받아야 하는 것이다.

121 하지만 정부는 토지만을 직접적으로 관할할 뿐 그 소유자에 대해서는 (소유자가 실제로 그 사회에 귀속되기 전까지는) 그곳에 거주하면서 토지를 소유할 때에만 지배권을 행사한다. 그렇기 때문에 토지를 소유함으로써 정부에 복종해야 하는 의무는 토지 소유와 더불어 시작되고 끝난다. 소유자가 정부에 단지 묵시적 동의만 한 경우에는 소유한 토지를 기증이나 매각 같은 방식으로 반환하면 얼마든지 그 국가를 떠나 다른 국가로 들어갈 수 있으며, 임자가 없

는 무주공산에서 다른 사람들과 함께 새 국가를 세울 수
도 있다. 반면 실제의 합의나 명시적인 선언으로 어떤 국
가에 속하겠다고 동의했다면 항구적이고 절대적인 의무를
지며, 영구히 그 국가의 국민이 되어야 한다. 재앙이 일어
나 그가 속한 정부가 해체되거나 공적 조치로 그에게서 구
성원의 자격을 박탈하지 않는 한 그는 자연 상태의 자유로
되돌아가지 못한다.

122 그러나 어느 나라의 법에 복종하고 특권과 보호를
누리며 평온하게 산다고 해서 그 사회의 구성원이 되는 것
은 아니다. 전쟁 상태에 있지 않은 한 그 정부의 영토 내에
사는 모든 사람은 당연히 그런 국지적인 보호를 받을 수 있
고 충성을 바쳐야 한다. 그것만으로 그 사회의 구성원이나
그 국가의 항구적인 국민이 되지는 않는다. 말하자면 잠시
어느 가정에 편안히 머물렀다고 해서 그 가정에게 복종할
필요는 없는 것과 마찬가지다. 물론 적어도 머무는 동안에
는 그곳의 법과 통치에 순종해야 한다. 외국인이 평생토록
외국 정부 아래 특권과 보호를 누리며 산다면, 양심적으로
현지 국민들처럼 그곳의 행정에 복종해야겠지만, 그렇다고
해서 그 국가의 국민이나 구성원이 되는 것은 아니다. 당사
자가 실제로 적극적인 서약, 명시적인 약속과 계약을 통해
그 국가에 귀속되려 하지 않는 한 절대로 그렇게 될 수 없
다. 정치사회의 탄생과 한 개인을 국가의 구성원으로 만드
는 동의에 관한 나의 견해는 이상과 같다.

정치사회와
정부의 목적에 관하여

123 자연 상태의 인간이 앞에서 본 것처럼 자유롭다면, 자기 신체와 재산의 절대적인 주인으로서 누구에게도 예속되지 않은 위대한 존재라면, 왜 그 자유를 버리겠는가? 왜 그 제국을 포기하고 스스로 다른 권력의 지배와 통제 아래로 들어가겠는가? 그 대답은 명확하다. 자연 상태에서는 물론 그런 권리를 가지고 있지만, 늘 다른 사람들의 침탈에 노출되어 있는 탓에 그 권리의 향유가 매우 불확실하다. 모두가 각자 나름대로 왕이고 동등한 위치에 있지만, 평등과 정의를 엄격히 지키지는 않는다. 이런 상태에서 재산의 향유는 매우 불안정하고 불투명할 수밖에 없다. 그래서 인간은 아무리 자유롭더라도 두려움과 위험에 가득한 상태를 포기하기로 마음먹고, 이미 통합을 이루었거나 준비하는 사람들과 힘을 합쳐 사회를 형성하는 것이다. 그

목적은 생명, 자유, 토지(나는 이것들을 총칭해 재산이라고 부른다)의 상호 보존에 있다.

124 그러므로 인간이 국가로 결집하고 정부 아래로 들어가는 중요하고 주된 목적은 자신의 재산을 보호하기 위해서다. 자연 상태에서는 그와 관련된 것들이 결여되어 있다.

첫째, 자연 상태에는 옳고 그름의 기준이 될 만한 공통의 동의와 사람들 간의 분쟁을 판결하는 공통의 척도에 따라 확립되고 안정되고 알려진 법이 없다. 물론 이성적 동물이라면 누구나 명확하게 이해할 수 있는 자연법이 있지만, 인간은 각자의 이해관계로 인해 편견을 가진 데다 자연법을 충분히 연구하지도 못한 탓에 자신의 특별한 사안에 자연법이 적용될 경우 구속력을 가지는 법으로 받아들이지 않으려는 경향이 있다.

125 둘째, 자연 상태에는 법에 따라 불화를 판단하는 권한을 가진 널리 알려진 공정한 재판관이 없다. 자연 상태에서는 모두가 자연법의 재판관이자 집행자이고 격정이나 복수심에 사로잡혀 편파적이 되기 쉬우므로 자신의 사안에 지나치게 과열될 수도 있고, 태만과 부주의로 다른 사람들을 등한시하게 될 수도 있다.

126 셋째, 자연 상태에는 올바른 판결이 내려진다 해도 그것을 제대로 집행할 만한 권력이 없다. 부정한 짓을 저지른 사람도 힘으로 자신의 부정을 관철시킬 수만 있다면 벌을 받지 않는다. 실제로 그런 무력 저항 때문에 징벌이

위험해지거나 징벌을 시도하는 사람이 오히려 파멸하는 경우가 많다.

127 이렇게 자연 상태에는 온갖 특권이 있지만 거기에 계속 머물면 결국 나쁜 조건에 처하게 된다. 그래서 인간은 곧장 사회로 뛰어들었다. 자연 상태에서 사람들이 어느 정도 오랫동안 함께 살아가는 모습을 보기 어려운 이유는 거기에 있다. 모두가 타인의 위반 행위를 징벌하는 권력을 가지고 있지만, 그것이 불규칙하고 불확실하게 행사되기 때문에 여러 가지 불편이 많다. 이를 피하기 위해 인간은 확립된 정부의 법 아래로 들어가 안전을 도모하고 재산을 보호하기 위한 방편을 추구한다. 이 과정에서 사람들은 자신의 독자적인 징벌권을 자발적으로 포기한다. 그 대신 별도로 임명된 사람들이 공동체 전체 혹은 공동체가 위임한 사람들이 동의하는 규칙에 따라 그 징벌권을 행사하는 것이다.

128 자연 상태에서 인간은 순수하게 누리는 자유 이외에도 두 가지 권력을 가진다.

첫째는 자연법이 허용하는 선에서 자신이나 타인을 보호하는 데 적합하다고 여기는 일은 무엇이든 할 수 있는 권력이다. 모두에게 공통적인 자연법에 의해 인간은 다른 동물과 구별되는 하나의 공동체, 하나의 사회를 이룬다. 타락한 사람들의 부패와 악덕이 없다면 그것으로도 충분할 것이다. 굳이 이 위대한 자연적 공동체에서 이탈해 적극적인 합의로 더 작고 분화된 모임을 결성할 필요가 없을 것이다.

자연 상태에서 인간이 가진 또 다른 권력은 자연법을 거스르는 죄를 징벌하는 권력이다. 인간은 그 두 가지 권력을 포기하고서 사적이고(이렇게 말해도 될지 모르지만) 개별적인 정치사회에 참여하고 국가를 이루어 여타의 사람들로부터 분리되는 것이다.

129 인간은 첫째 권력, 즉 "자신과 타인을 보호하는 데 적합하다고 여기는 일은 무엇이든 할 수 있는 권력"을 포기하고, 자신과 사회 구성원들에게 필요한 보호를 위해 사회가 만든 법의 규제를 받는다. 사회의 법은 여러 가지 면에서 인간이 자연법에 의해 가졌던 자유를 제한한다.

130 인간은 둘째 권력, 즉 징벌권을 완전히 포기하고, 자신의 자연적인 힘(예전에 자신이 적당하다고 여길 때 자신의 고유한 권한에 따라 자연법을 집행하는 데 사용했던 힘)을 사회의 집행력에 보태 사회의 법이 필요로 할 때 사용할 수 있도록 한다. 자연 상태를 벗어난 새로운 상태에서 인간은 같은 공동체에 사는 다른 사람들의 노동, 지원, 사교 등에서 여러 가지 편익을 누리고 사회 전체의 힘으로부터 보호를 받는다. 사회의 이익, 번영, 안전을 위해서는 자신에게 도움을 주었던 자연적 자유의 상당 부분을 포기해야 한다. 다른 사회 구성원들도 똑같은 입장이기 때문에 그것은 필수적일 뿐 아니라 정당하다.

131 인간이 사회에 들어갈 때는 자연 상태에서 가졌던 평등, 자유, 집행권을 사회에 양도해 사회의 이익이 필요로 할 때 입법기구가 이용할 수 있도록 해야 한다. 하지만 그 의도는 단지 모든 구성원의 자유와 재산을 보호하는 데 있을 뿐이다(무릇 이성적 동물이라면 누구나 자신의 처지를 악화시키려 하지는 않는다). 사회의 권력이나 구성원들이 확립한 입법기구의 권력은 결코 공익의 범위를 넘어설 수 없다. 그 권력은 자연 상태를 불안정하고 불편하게 만드는 앞에서 말한 세 가지 결함을 극복하고 모든 사람의 재산을 안전하게 지켜주는 데 국한된다. 국가의 입법기구나 최고 권력을 장악한 사람이라면 즉흥적인 법령이 아니라 국민에게 반포되고 알려진 실정법에 따라 통치해야 한다. 재판관도 그 법에 따라 공정하고 정직하게 분쟁을 판결해야 한다. 또한 공동체의 힘은 대내적으로 그 법의 집행에만 사용되어야 하며, 대외적으로는 외국의 위해를 방지하거나 시정하고 공동체를 침략과 침탈로부터 안전하게 보호하는 데 사용되어야 한다. 이 모든 것은 다름 아닌 국민의 평화, 안전, 공익을 지향해야 한다.

국가의 형태에 관하여

132 지금까지 보았듯이 인간이 처음 사회를 이루었을 때는 다수가 공동체의 전체 권력을 장악하게 되므로 그것을 이용해 수시로 공동체를 위한 법을 만들고 자체적으로 임명한 관리들을 통해 그 법을 집행할 수 있다. 그런 정부 형태는 완벽한 민주정이다. 입법권을 소수의 선출된 사람들, 그들의 상속자나 후계자에게 위임하면, 그것은 과두정이다. 또 입법권을 한 사람의 수중에 맡기면 군주정이다. 당사자만이 아니라 그의 상속자들에게까지 권력이 넘어가면 세습 군주정이 되며, 당사자에게만 권력이 주어지고 그가 죽을 때 후계자를 지명할 권리만 가지는 경우에는 선거 군주정이 된다. 공동체는 그것들을 적절하게 혼합해 나름의 정부 형태를 취할 수 있다. 처음에 다수가 한두 사람에게 평생토록, 혹은 정해진 기간 동안 입법권을 부여하고,

나중에 공동체가 그것을 돌려받아 다시 적절한 사람에게 그 최고 권력을 부여하면 새로운 정부 형태를 형성할 수 있다. 최고 권력을 어디에 부여하는가에 따라 정부 형태가 결정된다. 또한 최고 권력은 입법권이므로 입법권이 어디에 있는지에 따라 국가 형태가 결정된다(하위 권력이 상위 권력에게 명령하거나 최고 권력 이외의 권력이 법을 제정한다는 것은 생각하기 어렵다).

133 국가라고 하면, 보통 민주정과 같은 특정한 정부 형태를 가리키기보다는 독립적인 공동체를 뜻한다. 라틴인들은 그것을 키비타스civitas라는 용어로 불렀는데, 우리에게 가장 알맞은 용어는 국가commonwealth다. 국가라는 말은 영어의 공동체community나 도시city 같은 말로 표현하기 어려운 인간 집단을 잘 표현한다. 공동체는 정부에 복속될 수 있고, 도시는 국가와 사뭇 다른 의미이기 때문이다. 그래서 모호함을 피하기 위해 국가라는 용어를 사용하는 것에 양해를 구하는 바이다. 나는 제임스 1세가 그 용어를 사용한 것을 보고 매우 적절하다고 여겼다. 국가라는 용어를 몹시 싫어하는 사람이 있다면 그 심정을 받아들여 나중에 바꾸도록 하겠다.

입법권의 범위에 관하여

134 인간이 사회를 형성한 주요 목적은 재산을 평화롭고 안전하게 향유하려는 데 있다. 이를 위한 주요 도구와 수단은 그 사회에 확립된 법이다. 모든 국가의 가장 중요한 실정법은 입법권을 확립하는 것이다. 가장 중요한 자연법은 그 입법권도 지배하면서 사회를 보호하고 (공익에 부합하는 선에서) 사회의 모든 구성원도 보호해야 한다. 입법권은 국가의 최고 권력일 뿐 아니라 공동체가 부여한 사람들에게 신성불가침으로 여겨진다. 어느 누구의 명령이라 해도(어떤 형태를 취하든, 어떤 권력이 뒷받침하든) 법과 같은 효력과 강제력을 가지려면 대중이 발탁하고 임명한 입법기구의 허락을 얻어야만 한다. 그렇지 못할 경우 법이 되기 위해 절대적으로 필요한 요소, 즉 사회의 동의를 얻지 못한다.• 어느 누구도 사회의 동의와 사회에서 인정하는 권위가 없으면 법

을 제정하지 못한다. 그러므로 누구에게나 엄숙한 구속으로 가해지는 일체의 복종은 궁극적으로 그 최고 권력으로 귀결되며, 이 권력이 제정하는 법에 따른다. 사회의 어떤 구성원이 외국의 권력이나 국내의 하위 권력에 충성을 서약한다고 해도, 그 자신이 권력을 위임한 입법기구에 대한 복종이 면제될 수는 없다. 또한 사회 구성원에게 제정된 법에 어긋나는 복종이나 그 법이 허용하는 선을 넘는 복종을 강요할 수도 없다. 최고 권력이 아닌 다른 권력에 궁극적으로 복종해야 한다면 상상만 해도 우스운 일일 것이다.

- 법을 제정해 인간의 정치사회 전반을 다스리는 합법적 권력은 바로 그 전체 사회에 귀속된다. 세속의 어떤 군주나 권력자도 신에게서 직접 명시적인 위임을 받거나 법이 시행되는 사회의 동의로부터 권위를 끌어내지 못한 상태에서 사람들에게 법을 강요하려 한다면, 그것은 전제와 다를 바 없다. 그러므로 공적 인가가 내려지지 않은 법은 법이 아니다(후커, 《교회 정치론》, 1권, 10절).

  이 점에 관해 우리가 주목할 것은, 원래 인간은 정치 대중 전체를 지배하는 완전하고 완벽한 권력을 가지지 못했기 때문에 우리의 동의가 없으면 누구도 결코 우리를 지배할 수 없다는 사실이다. 만약 우리가 속한 사회가 과거 어느 때 동의를 표명했고 이후 전반적 합의 같은 방식으로 그것이 취소되지 않았다면 우리는 지배에 동의한 것이다. 그러므로 인간에 관한 일체의 법은 동의에 의해 효력을 얻는다(같은 곳).

- - 공공 사회를 지탱하는 토대는 두 가지다. 하나는 사교적인 삶과 우정을 바라는 모든 인간의 자연적 성향이고, 다른 하나는 함께 사는 결합 방식에 관해 명시적이거나 암묵적으로 합의된 질서다. 후자는 정치기구의 핵심이며, 우리는 그것을 국법이라고 부른다. 그것의 각 부분들은 법에 의해 활성화되고 결합되어 공통의 이익이 요구하는 방식으로 작동한다. 사람들 사이의 외적 질서와 집단에 관련된 정치적 법은 인간의 의지가 본래 완고하고 반항적이고 본성의 신성한 법에 복종하지 않으려는 성향을 가지고 있다는 가정 하에 성립되었다. 요컨대 인간은 정신이 타락하면 짐승과 거의 다를 바 없다는 가정이 숨어 있는 것이다. 따라서 정치적 법은 인간의 외적 행동이 사회의 목적인 공통의 이익을 저해하지 못하도록 제한한다. 그렇게 하지 않으면 완벽한 법이 아니다(후커, 《교회 정치론》, 1권, 10절).

135 입법기구는 그 권력이 한 사람에게 주어지든 여러 사람에게 주어지든, 혹은 상시적이든 임시적이든 모든 국가의 최고 권력체다. 하지만 여기서 몇 가지 고려해야 할 사항이 있다.

첫째, 그 권력은 국민의 생명과 재산을 절대적으로 좌지우지하지 않으며, 그럴 수도 없다. 입법권은 모든 사회 구성원의 공동 권력이 법을 제정하는 사람이나 단체에 위임된 것일 뿐이므로 인간이 사회를 이루고 공동체에 위임하기 전에 자연 상태에서 가졌던 권력보다 크지 않다. 누구도 자신이 가진 것보다 더 큰 권력을 타인에게 양도할 수는 없기 때문이다. 누구도 자기 자신이나 타인의 생명까지 침해하거나 타인의 생명과 재산을 빼앗을 만큼 절대적인 권력을 행사하지는 못한다. 앞에서 입증되었듯이 인간은 타인의 전횡적인 권력에 복속될 수 없다. 자연 상태에서 인간은 타인의 생명, 자유, 재산에 대해 전횡적인 권력을 갖지 못하며, 단지 자연법이 자신과 타인을 보호하기 위해 허용하는 한에서만 권력을 행사할 수 있을 따름이다. 따라서 국가와 입법기구에 위임할 수 있는 권력도 그 정도에 그치며, 입법기구는 그 이상의 권력을 행사할 수 없다. 이 권력은 최대한으로 확장되어도 사회의 공익을 넘어서지는 못한다. 이 권력은 단지 국민을 보호하는 목적만 가지고 있으므로 국민을 파괴하고 예속하고 빈곤하게 만들 권리는 결코 가지지 못한다.[**]

자연법은 사회가 형성되고 나면 지키지 않아도 되는 게 아니라 오히려 성문화되고 더 정교해지며, 인간의 법에 의해 형벌 조항이 더해져 더 엄격한 준수를 요구한다. 이리하여 자연법은 입법자를 비롯한 모든 사람의 항구적인 규칙이 되는 것이다. 자기 자신과 타인의 행동을 규제하기 위한 규칙은 신의 의지가 천명된 자연법에 어긋나면 안 된다. "자연의 근본적 법은 인류의 보호"이므로 어떤 인간적 규제도 자연법을 거스르면 정당하거나 타당할 수 없다.

136 둘째,* 입법권 혹은 최고 권력은 즉흥적이고 자의적인 법령으로 지배권을 내세울 수 없으며, 반포되고 확립된 법과 정평이 난 권위를 가진 재판관에 의해 정의를 베풀고 국민의 권리를 판결해야 한다. 자연법은 성문화되어 있는 게 아니라 사람들의 마음속에만 있기 때문에, 격정이나 이해관계에 사로잡혀 그것을 잘못 인용하거나 적용하는 사람은 상임 재판관이 지적해주지 않을 경우 그 잘못을 쉽게 납득하지 못한다. 그러므로 자연법은 그 법 아래 살아가는 사람들의 권리를 정하고 재산을 보호하는 본연의 기능을 하지 못한다. 특히 모두가 자신의 사안에 관해 나름대로 자연법을 판단, 해석, 집행할 경우 자연법

---

* 인간의 법은 인간의 행동을 규제하는 척도이지만, 이 척도 역시 더 높은 척도에 의해 규제된다. 그 척도란 신의 법과 자연법의 두 가지다. 그러므로 인간의 법은 보편적인 자연법에 따라 만들어져야 하며, 성서에 명시된 법에 어긋나지 않아야 한다. 그렇지 않으면 잘못 만들어진 법이다(후커, 《교회 정치론》, 3권, 9절). 인간에게 어떤 것이든 불편을 강요하는 일은 옳지 않은 듯하다(같은 책, 1권, 10절).

은 더욱 제 기능을 하기 어렵다. 또한 올바른 측에 있는 사람도 보통 자기 혼자만의 힘밖에 없으므로 자신을 위해로부터 방어하거나 범법자를 징벌하기에는 역부족이다. 자연 상태에서 사람들의 재산을 침해하는 그와 같은 폐단을 근절하기 위해 인간은 사회를 이룬다. 인간은 사회 전체의 힘을 결집해 자신의 재산을 보호하고 방어할 수 있으며, 상시적인 규칙을 만들어 각자의 재산이 어디까지인지 범위를 한정할 수 있다. 이를 위해 인간은 자연적 권력을 자신이 속한 사회에 양도하며, 공동체는 입법권을 적절하다고 생각되는 사람들에게 위임한다. 이러한 위임에 따라 사람들은 공표된 법의 지배를 받는다. 그렇지 않으면 자연 상태에서처럼 평화와 평온이 저해되고 재산이 위험해진다.

137 절대적이고 전횡적인 권력, 혹은 확정된 법이 없는 통치는 사회와 정부의 목적에 부합하지 못한다. 생명, 자유, 재산이 보호되지 못하고 권리와 소유에 관한 확정된 규칙으로 평화와 평온이 보장되지 못한다면, 인간은 굳이 자연 상태의 자유를 포기하려 하지 않을 것이다. 자신의 신체와 재산을 절대적이고 전횡적으로 지배할 권력을 다른 사람에게 고스란히 위임할 사람은 없으며, 자신에게 전횡적으로 행사되는 무제한적 권력을 위정자의 손에 넘겨줄 사람도 없다. 그렇게 된다면 당연히 자연 상태보다 더 나쁘다.

자연 상태에서는 누구나 타인의 위해에 맞서 자신의 권리를 수호할 자유를 누렸으며, 한 사람의 침탈이나 다수가 연합한 침탈을 당했을 때 방어할 힘을 동등하게 가지고 있었다. 반면에 입법자의 절대적이고 전횡적인 권력과 의지에 자신을 의탁한다면, 결국 스스로 무장 해제하고 대신 입법자에게 마음대로 약탈할 무기를 내준 셈이 된다. 한 사람이 10만 명을 다스리는 전횡적인 권력은 10만 명의 전횡적인 권력보다도 더 나쁜 상황을 초래한다. 보통 사람보다 10만 배나 더 강한 힘을 가진 사람의 의지가 다른 사람들의 의지보다 더 선하다고 장담할 수는 없기 때문이다. 그래서 어떤 형태의 국가든 지배 권력은 즉흥적인 명령과 모호한 결심에 의해서가 아니라 공표되고 수용된 법에 의해 통치해야 한다. 만약 소수의 사람들이 다수의 권력을 양도받아 자기들 마음대로 복종을 강요한다면, 자신들의 행위를 인도하고 정당화할 아무런 방책도 없이 그때그때 되는 대로 행동한다면, 자연 상태보다 훨씬 더 나쁜 상황이 될 것이다.

정부의 모든 권력은 오로지 사회의 이익을 위한 것이므로 결코 전횡적이거나 자의적이어서는 안 되며, 반드시 확립되고 공표된 법에 따라 집행되어야 한다. 그래야만 국민들은 각자의 의무를 숙지하고 법의 테두리 안에서 안전을 도모할 수 있다. 또한 그래야만 지배자도 법의 테두리 내에 머물러야 한다는 것을 알게 되며, 수중에 가진 권력을 이용해 그전까지 알지 못했고 선뜻 인정할 수 없는 불순한 목적을 실현하려는 마음을 먹지 못할 것이다.

138 셋째, 최고 권력은 당사자의 동의가 없이는 어느 누구의 재산도 빼앗을 수 없다. 재산의 보호는 정부의 목적이자 인간이 사회를 형성한 목적이므로 인간이 재산을 가져야 한다는 것은 필연적인 가정이자 요구다. 그것이 보장되지 않는다면 인간은 사회를 형성함으로써 오히려 사회를 형성한 목적을 상실한 셈이 되니 터무니없는 일이 아닐 수 없다. 따라서 인간이 사회에서 재산을 가지게 되면 재물에 대한 소유권은 공동체의 법으로 인정된다. 누구도 당사자의 동의를 구하지 못하면 그 사람의 재산을 빼앗을 권리가 없다. 그렇지 않다면 인간은 재산을 아예 갖지도 못할 것이다. 남이 자기 마음대로 내 의사에 반해 내 재산을 빼앗을 권리를 가졌다면 나는 진정으로 재산을 가졌다고 볼 수 없다. 그렇기 때문에 국가의 최고 권력이나 입법 권력이 국민의 재산을 자의적으로 처리하거나 일부분을 마음대로 취할 수 있다고 생각하는 것은 잘못이다.

입법기구가 가변적이라서 그 기구가 해산되면 그 구성원들도 다른 사람들과 똑같이 국법의 지배를 받게 되어 있는 정부에서는 그런 일을 별로 우려하지 않아도 된다. 하지만 입법기구가 상설화되어 있거나 절대군주정에서처럼 한 사람의 수중에 있는 정부의 경우에는 입법기구가 공동체의 나머지 사람들과 이해관계가 다르다고 생각할 위험성이 있다. 그래서 자의적으로 국민의 것을 빼앗아 자신들의 부와 권력을 증대하려 할 공산이 크다. 공정한 법으로 각자가 가진 재산의 경계를 확정했다 해도, 통치자가 어느 국민 개인의 재산을 자기 마음대로 빼앗고 제멋대로 사용하고 처분하는 권리를 가졌다면 국민의 재산은 안전이 보장되지 못한다.

139 그러나 누구의 수중에 있든, 정부는 앞에서 말한 것처럼 인간이 자기 재산을 소유하고 보호할 수 있도록 해주는 조건으로 위탁되며 그것을 목적으로 한다. 군주나 의회는 비록 국민들 간의 재산을 규제하는 법을 제정하는 권력을 가지고 있지만, 국민이 가진 재산의 전부나 일부를 당사자의 동의 없이 빼앗을 권력은 가질 수 없다. 그럴 경우 사실상 국민에게 아무런 재산도 허용하지 않게 되기 때문이다. 설령 절대 권력이 필요한 경우라고 해도 절대적이라고 해서 전횡적이면 안 된다. 때로는 절대적이기 위해서라도 반드시 제약과 제한을 받아야만 한다. 군사 규율의 일반적 관행을 살펴보면 그 점을 잘 알 수 있다. 군대를 보호하고, 나아가 국가 전체를 보호하기 위해서는 상관의 명령에 절대적으로 복종하는 자세가 필요하다. 아무리 위험하거나 터무니없는 명령이라 해도 복종하지 않거나 이의를 제기하면 사형에 처해 마땅하다. 하지만 상사는 병사에게 적의 대포가 도사리는 곳으로 진격하라거나 죽음을 각오하고 적에게 맞서라고 명령할 수는 있어도, 단 한 푼이라도

돈을 달라고 명령할 수는 없다. 또한 장군은 병사가 근무지를 이탈하거나 중대 명령에 불복종할 경우 그를 사형에 처할 수 있지만, 그런 생사를 좌우하는 절대 권력으로도 병사가 가진 재산과 재물은 조금도 빼앗을 수 없다. 물론 장군은 병사에게 어떤 명령이든 내릴 수 있고 조금만 불복종해도 처형할 수 있다. 그런 맹목적인 복종은 지휘관이 권력을 행사하는 목적, 즉 다른 사람들을 보호한다는 목적에 필수적이지만, 병사의 재물을 차지하는 것은 그것과 전혀 무관한 일이다.

140 정부를 유지하려면 많은 비용이 드는 게 사실이다. 그러므로 정부의 보호를 받는 모든 사람이 각자 자기 재산을 유지하는 데 드는 몫을 부담해야 한다. 하지만 그 경우에도 당사자의 동의가 필요하다. 즉 다수의 사람들이 스스로 또는 자신이 선택한 대표를 통해 동의를 표명해야 한다. 만약 누가 자신의 권한으로 사람들에게서 동의를 구하지 않고 세금을 부과할 권리가 있다고 주장한다면, 그것은 재산에 관한 근본적 법을 침해하고 정부의 목적을 뒤엎는 행위다. 다른 사람이 자기 마음대로 내 재산을 빼앗아갈 수 있다면 내게 무슨 재산이 남겠는가?

141 넷째, 입법기구는 입법권을 다른 곳에 이전할 수 없다. 그것은 국민에게서 위임받은 권력이므로 남에게 양도가 불가능하다. 국민만이 국가 형태를 지정할 수 있으며, 국가는 입법기구를 구성하고 담당자를 선정한다. 국민이

이러저러한 사람들이 이러저러한 형태로 만든 규칙에 따르고 법에 복종하겠다고 말했다면, 누구도 다른 사람들에게 법을 만들게 할 수 없다. 국민은 자신이 법을 만들라고 지정하지 않은 사람이 제정한 법에는 전혀 구속되지 않는다. 입법권은 국민의 적극적이고 자발적인 허가와 설정에서 나오므로 그 적극적 허가에 의해 양도된 것에서 벗어나면 안 된다. 그 허가는 법을 만들라는 것일 뿐 입법자를 만들라는 것은 아니다. 입법기구는 법을 제정하는 권한을 다른 사람에게 양도하지 못한다.

142 사회, 그리고 신과 자연의 법은 입법자들에게 권력을 위탁하면서 모든 국가, 모든 정부 형태의 입법권에 다음과 같은 한계들을 설정했다.

첫째, 공표되고 확립된 법에 의해 다스려야 한다. 개별적인 사안에 따라 달라져서는 안 되며, 빈부와 무관하게, 궁정의 총신에게나 농부에게나 동일한 규칙이 적용되어야 한다.

둘째, 법의 목적은 궁극적으로 국민의 이익을 도모하는 데 있어야 한다.

셋째, 국민 자신이나 국민의 대표가 국민의 동의를 표명하지 않으면 국민의 재산에 세금을 부과할 수 없다. 이는 입법기구가 상시적으로 존재하는 정부, 즉 국민이 입법권의 일부를 보유하고 있다가 스스로 임명한 대표에게 넘겨주지 않는 정부에만 해당한다.

넷째, 입법기구가 입법권을 어느 누구에게 양도하거나
국민이 허락하지 않은 다른 곳에 부여하는 일은 있어서도
안 되고 있을 수도 없는 일이다.

국가의 입법권,
집행권, 동맹권에 관하여

143 입법권이란 국가의 힘을 동원해 공동체와 그 구성원을 보호하는 방법을 지시하는 권리다. 법은 항시 집행되어야 하고 효력도 늘 유지되어야 하지만, 법을 제정하는 데 오랜 시간이 걸리지는 않는다. 그러므로 입법기구가 상시 존재할 필요는 없으며, 할 일이 언제나 있는 것도 아니다. 또한 인간은 권력을 쥐고 싶은 유혹에 매우 약하기 때문에, 입법권을 가진 사람이 집행권마저 장악한다면 자신이 만든 법에 복종하지 않으려 할 수도 있고, 법을 제정하고 집행할 때 자신의 개인적 이득에 맞추려 하거나, 공동체의 나머지와 구별되고 사회와 정부의 목적에 어긋나는 이해관계를 가지게 될 수도 있다. 따라서 전체의 이익을 고려할 만큼 질서가 잘 잡힌 국가에서는 당연히 입법권이 다양한 사람들의 수중에 주어지며, 이들은 정식 회의를 열

어 입법권을 독점하거나 다른 사람들과 공유한다. 임무가 완료되고 회의가 끝나면 그들 역시 자신들이 정한 법에 구속된다. 그런 부담으로 인해 그들은 공익을 꼼꼼히 고려해 법을 만들 수밖에 없게 된다.

144 법은 짧은 기간에 만들 수 있지만 그 효력은 지속적이므로 항구적인 집행이나 세심한 감독이 필요하다. 그래서 법의 집행을 끊임없이 관리할 항시적인 권력이 있어야 한다. 그런 이유에서 입법권과 집행권이 분리되는 경우가 많다.

145 모든 국가에는 자연권이라고 부를 수 있는 또 다른 권력이 있다. 이것은 모든 사람이 사회에 들어오기 전에 원래 가졌던 권력에 기인한다. 국가의 구성원들은 서로에 대해 별개의 인간이며, 그런 자격으로 사회의 법에 복종한다. 하지만 국가 바깥의 사람들에 대해서는 한 몸을 이룬다. 이 경우 국가의 모든 구성원들은 예전에 그랬던 것처럼 여전히 자연 상태에 있다. 그렇기 때문에 사회 구성원과 바깥에 있는 사람 간에 분쟁이 벌어지면 공적인 문제로 다루어지는 것이다. 그래서 한 구성원에 위해가 가해져도 전체가 보상을 요구하고 나선다. 그렇게 본다면, 공동체 바깥에 대해서는 공동체 전체가 자연 상태의 한 사람처럼 행동하는 셈이다.

146 여기에는 국가 바깥에 있는 모든 사람이나 공동체와 전쟁과 평화, 동맹과 제휴 등 온갖 거래를 할 수 있

는 권력이 포함된다. 이것을 동맹권이라고 부를 수 있겠다. 제대로만 이해된다면 명칭 따위는 아무래도 좋다고 본다.

147 이 두 가지 권력, 즉 집행권과 동맹권은 원래 서로 별개다. 전자는 사회의 국내법을 사회 내의 전 부분에 집행하는 권력이며, 후자는 공공의 안전과 이익을 위해 사회 바깥에서 혜택이나 피해를 초래할 수 있는 사람들과의 문제를 처리하는 권력이다. 그런데 이 두 권력은 대개의 경우 결합되어 있다. 동맹권이 사안을 좋거나 나쁘게 처리하는 것은 국가 중대사에 속하지만, 동맹권은 집행권에 비해 상시적 실정법으로 통제하기가 매우 어렵다. 그래서 동맹권을 가진 사람들이 신중하고 지혜롭게 권력을 행사해야만 공익을 도모할 수 있다. 국민들 간의 일을 처리하는 법은 국민의 행동에 영향을 미치므로 그에 앞서 제정될 수밖에 없다. 하지만 외국인의 문제는 그들의 행동과 다양한 의도, 이해관계에 크게 의존하므로 그들에게 행사하는 권력을 가진 사람들이 국익에 맞도록 최대한 세심하게 처리해야 한다.

148 앞에서 말한 것처럼 공동체의 집행권과 동맹권은 서로 별개이지만, 그렇다고 양자를 구분해 각각 다른 사람에게 부여하는 것은 어려운 일이다. 둘 다 사회의 힘이 동원되어야만 행사할 수 있기 때문이다. 국가의 힘을 별개의 사람들에게 위임하고 서로 동등한 관계로 유지하기란 거의

불가능하며, 집행권과 동맹권을 별개로 행동하는 사람들
에게 부여하는 것도 비현실적인 생각이다. 그러다가 공공
의 힘을 지휘하는 체계가 분산되면 얼마 못 가 혼란과 파
멸이 닥칠 것이다.

149 자체의 토대 위에 서 있고 자체의 본성에 따라 행동하는 국가, 다시 말해 공동체의 보존을 위해 행동하는 국가에는 최고 권력이 입법권 단 하나밖에 있을 수 없다. 나머지 모든 권력은 그 입법권에 종속되며, 또 그래야만 한다. 하지만 입법권은 특정한 목적을 위해 위탁된 권력이기 때문에, 입법 행위가 위임된 신탁에 어긋날 경우 "그 입법기구를 없애거나 바꿀 수 있는 최고 권력은 여전히 국민에게 있다". 특정한 목적을 달성하기 위해 신탁된 권력은 그 목적의 제약을 받을 수밖에 없다. 설정된 목적이 노골적으로 등한시되거나 어그러지면 신탁된 권력도 몰수된다. 그러면 권력을 돌려받은 국민은 다시 자신들의 안전과 보호에 가장 적합하다고 생각하는 곳에 권력을 부여한다. 이런 식으로 공동체는 최고 권력을 항구적

으로 보유한다. 그 권력으로 공동체는 입법자를 포함해 어느 누구든 어리석거나 사악한 마음으로 국민들의 자유와 재산에 피해를 끼치는 계획을 품거나 실행하려 할 경우 스스로를 보호할 수 있다. 어떤 사람이나 인간 사회도 자체를 보호하는 수단을 타인의 절대적 의지와 전횡적 지배에 맡길 권력을 가지지 못한다. 어느 누가 그런 굴욕적인 상태를 강요한다 해도 공동체는 결코 남에게 내줄 수 없는 것을 보호할 권리를 가진다. 또한 공동체는 사람들이 사회를 형성한 목적인 그 근본적이고 신성불가침한 자기 보호의 법을 침해하는 자를 제거할 권리도 가진다. 이런 측면에서 공동체는 언제나 최고 권력을 가진다고 말할 수 있지만, 정부 형태를 갖추지 않으면 그렇다고 말할 수 없다. 국민의 그 권력은 정부가 해체되기 전까지는 발동할 수 없기 때문이다.

150 정부가 존속하는 한, 입법기구는 언제나 최고 권력체다. 어떤 사람에게 법을 정해줄 수 있으려면 우선 그 사람보다 우월한 위치에 있어야 하기 때문이다. 입법기구가 사회의 입법기구인 이유는 사회의 모든 부분에 적용되는 법을 만드는 권리를 가졌기 때문이다. 입법기구는 사회 모든 구성원의 행동 규칙을 만들고, 그 규칙을 어길 경우 집행권을 행사한다. 입법권은 최고 권력이며, 사회의 어느 구성원이나 부분이 가진 다른 모든 권력은 그것에서 파생되고 그것에 종속된다.

151 어떤 국가에서는 입법기구가 상설되지 않았고, 집행권이 한 사람에게 주어져 있으며, 그 사람이 입법권의 일부도 가지고 있다. 그 사람은 최고 권력자라고 불러도 무방할 것이다. 그것은 그가 법을 만드는 최고 권력을 직접 가졌다는 의미가 아니라 최고 집행권을 가졌다는 의미다. 하위 위정자들은 그에게서 종속 권력을 얻는데, 그들이 가진 권력의 대부분이 그렇다. 최고 권력자보다 상위의 입법권은 없으므로 그의 동의가 없으면 법을 제정할 수 없으며, 그가 스스로 입법기구의 어떤 부분에 종속되리라고는 생각할 수 없다. 그런 의미에서 그는 최고 권력자의 자격이 충분하다. 그러나 국민이 그에게 충성을 서약하는 이유는 그가 최고 입법자이기 때문이 아니라 그가 그와 다른 사람들의 공동 권력에 의해 제정된 법의 최고 집행자이기 때문이라는 점을 명심해야 한다. 충성은 단지 법에 따른 복종일 뿐이므로, 만약 그가 법을 위반한다면 그는 복종을 요구할 권리를 상실한다. 그가 복종을 요구할 수 있는 이유는 법의 권력을 받은 공인公人의 자격을 가졌기 때문이다. 그는 국가의 상징, 얼굴, 대표로서 사회의 의지에 따라 행동하고 사회의 법으로 그 자격을 얻는다. 그러므로 그는 법에 의하지 않고는 아무런 의지와 권력도 갖지 못한다. 하지만 그가 대표직과 공적 의지를 버리고 자신의 사적 의지에 따라 행동하면 그는 복종을 요구할 권력과 의지가 없는 한 개인으로 전락하게 된다. 구

성원들은 사회의 공적 의지 이외에는 어느 것에도 복종할 의무가 없다.

152 집행권과 입법권을 한 사람이 함께 가진 경우가 아니라면 집행권은 입법권에 종속된다. 입법기구는 집행권을 마음대로 바꾸거나 옮길 수 있다. 그러므로 집행권은 종속에서 벗어난 최고 권력이 아니다. 그러나 최고 집행권자가 입법권도 가졌다면, 그 자신이 참여하고 동의하는 것 이외에 그가 종속되어야 하는 더 높은 입법기구가 없다. 자기 스스로 적당하다고 생각하는 것 이외에 별도로 종속되어야 할 대상이 없으므로 거의 종속될 일이 없다고 볼 수 있다. 그 밖에도 국가에는 여러 가지 행정 권력이나 종속 권력이 있는데, 각 국가의 관습과 제도에 따라 그 종류와 수가 무한히 다양하다. 그것들을 전부 언급할 필요는 없으므로 우리의 현재 취지에 맞는 것만 주목하기로 하자. 우리가 유의해야 할 점은, 그중 어느 것도 명확한 인가와 위임에 의해 위탁된 정도를 넘는 어떤 권한도 가지지 못하며, 전부 국가의 다른 권력에 종속되어 있다는 사실이다.

153 입법기구는 반드시 상설화되지 않아도 되며, 그래도 불편할 게 별로 없다. 반면 집행권은 반드시 상시적으로 필요하다. 새로 법을 만드는 일은 언제나 필요하지는 않지만, 법의 집행은 언제나 필요하기 때문이다. 입법기구는 법의 집행을 다른 곳에 넘긴 뒤에도 언제든 타당한 이

유가 있으면 그 권력을 환수할 수 있으며, 법에 어긋나는 잘못된 행정을 징벌할 수 있다. 동맹권에 관해서도 마찬가지다. 동맹권과 집행권은 입법권에 종속되며, 앞에서 본 것처럼 입법권은 국가 내에서 최고 권력이다. 또한 입법기구는 여러 사람으로 구성되므로(만약 입법기구가 한 사람이라면 상설화될 수밖에 없고, 따라서 최고 권력자로서 당연히 입법권과 더불어 최고 집행권도 보유할 것이다) 이들이 회의를 열어 입법권을 행사하는데, 그 시기는 처음에 정한 법규나 휴회 결정에 따른다. 특정한 시기를 못 박지 않았거나, 소집 규정을 정하는 다른 방법이 없을 경우 알아서 결정할 수도 있다. 최고 권력은 국민이 부여한 것이므로 입법기구는 항상 그 권력을 가지고 있다가 언제든 원할 때 행사할 수 있다. 다만 처음에 정한 법규에 의해 특정한 시기로 제한되어 있거나, 최고 권력의 결의로 휴회 시기가 정해져 있을 경우에는 그렇지 않다. 그 경우 입법기구는 적절한 시기에 모임을 소집해 다시 결의할 권리를 가진다.

154 입법기구가 특정한 기간 동안 국민이 발탁한 대표들로 구성된다면, 이들은 임기가 끝난 뒤 일반 국민의 신분으로 돌아가고 새로 발탁되지 않으면 입법권을 가지지 못한다. 새로 발탁하는 권한 역시 국민이 행사하는데, 시기가 따로 정해져 있거나 적절할 때 소집하는 식이다. 후자의 경우 입법기구를 소집하는 권력은 보통 집행기구가 가진다. 시기에 관해서는 다음 두 가지로 제한한다. 우선

처음의 법규에 따라 입법기구를 소집해 정해진 기간 동안 활동하는 경우다. 이때 집행권은 적당한 형식에 따라 선출과 소집의 지침을 내리는 종속적인 역할에 그친다. 또한 새로 선거를 실시하는 시기를 집행권자의 재량에 맡길 수도 있다. 공공의 사안이나 긴급 사태가 발생해 옛 법을 수정하거나 새 법을 만들어야 할 경우, 혹은 국민에게 부담이나 위협을 주는 문제점을 해소하거나 방지해야 할 경우가 그에 해당한다.

155 여기서 이런 의문이 들 수도 있다. 국가의 힘을 소유하는 집행권이 원래 법규나 공공 비상사태로 인해 필요할 때 국가의 힘으로 입법기구의 모임과 활동을 가로막으려 한다면 어떻게 될까? 아무런 권한도 없이, 위탁된 취지와 반대로 국민에게 국가의 힘을 사용한다면 국민을 상대로 전쟁 상태에 돌입하는 것이다. 국민은 그럴 경우 집행권을 입법기구에 반환하도록 하는 권리를 가진다. 입법기구를 설치한 취지는 정해진 시기나 필요한 시기에 법을 만들라는 데 있다. 그런데 국민의 안전과 안위를 좌우하는 사회적으로 필요한 조치가 어떤 힘에 의해 저해된다면, 국민은 그것을 무력으로 제거할 권리를 가진다. 권한 없이 행사되는 무력에 대한 참된 방책은 그것에 대항하는 무력을 행사하는 것이다. 권한 없이 무력을 사용했다면, 그자는 곧 전쟁 상태를 초래한 셈이다. 따라서 침략자로 간주되고 그에 마땅한 대우를 받아야 한다.

156 입법기구를 소집하고 해산하는 권력은 집행권자에게 부여되지만, 그렇다고 해서 그가 입법기구보다 상위에 있는 것은 아니다. 다만 불확실하고 가변적인 인간사를 고정불변의 규칙으로 포괄할 수 없는 상황을 맞아 국민의 안전을 위해 그에게 권력이 위탁되었을 뿐이다. 정부의 기틀을 처음 확립한 사람들은 입법기구를 언제 소집하고 언제까지 유지할지 미리 정확히 정해놓을 만큼 완벽한 선견지명을 가지지 못했다. 그들이 장차 국가가 맞게 될 모든 비상사태를 예측하고 올바른 대응책을 마련하기란 불가능했다. 이런 결함을 해소하기 위한 최선의 방책은 판단력이 뛰어난 한 사람에게 권력을 위탁하고, 그에게 항상 자리를 지키며 공익을 감시하는 임무를 맡기는 것이었다. 꼭 필요한 경우가 아닌데도 입법기구가 자주 소집되고 회의가 오랜 기간 지속되면, 국민에게 부담을 주게 되고 머잖아 더 위험한 폐단도 낳게 된다. 하지만 사태가 급속히 바뀌는 경우에는 입법기구의 상시적인 도움이 필요하며, 소집이 늦어지면 국민에게 위험을 안겨줄 수도 있다. 때로는 업무가 너무 중대한 탓에 제한된 회기에 처리할 수 없는 경우도 있고, 심사숙고를 통해서만 나올 수 있는 이득을 대중에게서 빼앗아가는 결과를 초래할 수도 있다. 이런 경우 공동체가 현저한 위험에 노출되는 사태를 방지하기 위해서는 입법기구가 정해진 시기와 기한에 모임을 갖고 행동할 필요가 있다. 그렇다면 공적 문제를 처리하는 데 능숙한

상임자를 두고 그 재량에 권력을 맡겨 공익을 위해 그 특권을 사용하도록 하면 되지 않을까? 그 목적을 위해 법의 집행을 위탁받은 사람만한 적임자가 또 있을까? 그래서 입법기구의 소집 시기와 회기가 원래 법규에 의해 확정되지 않았다면, 자연히 그 결정권은 집행권자의 몫이 된다. 물론 그것은 집행권자가 마음대로 휘두르는 권력이 아니라 시간이 지나고 사태가 달라질 때 그에 맞춰 반드시 공공 복지를 위해서만 행사하도록 위탁된 권력이다. 입법기구의 소집 시기는 확정되어 있을 수도 있고, 군주가 재량껏 입법기구를 소집할 수도 있으며, 아니면 두 방식이 혼용될 수도 있다. 어느 방식이 가장 폐단이 적은지는 지금 탐구할 주제가 아니다. 나는 다만 집행권이 입법기구를 소집하고 해산하는 특권을 가지고 있지만 그렇다고 해서 입법기구보다 상위에 있지 않다는 것만 보여주고자 할 따름이다.

157 세계의 사물들은 늘 흐름 속에 있어 어느 것도 같은 상태에 오래 머물지 않는다. 사람, 부, 무역, 권력도 거점이 바뀌고, 번영하던 부강한 도시들이 파괴되어 황폐해지는 반면, 인구가 드문 도시들이 성장해 풍요를 누리고 주민들로 가득해지기도 한다. 그러나 사물들이 항상 균등하게 변하는 것은 아니다. 사적 이해관계 때문에 이미 존재 근거가 사라진 관습과 특권이 유지되는 경우도 많다. 입법기구의 일부가 국민에 의해 선출된 대표들로 구성되는 정

부에서는, 시간이 지나면서 대의제가 크게 불균등해지고 불균형해져 애초에 탄생했던 근거에서 멀어지는 현상도 흔히 빚어진다. 존재근거를 잃은 관습에 따른다는 것은 지극히 불합리하다. 양의 무리만 드문드문 흩어져 있고 양치기들만 사는 폐허나 다름없는 곳이 촌락이라는 허울 좋은 명칭 덕분에 수많은 인구와 막대한 부를 가진 지역과 똑같은 수의 대표를 중요한 입법기구에 보낸다면, 이 얼마나 터무니없는 일인가? 사정을 모르는 사람이 그런 현상을 보면 크게 놀랄 테고, 누구나 뭔가 방책이 필요하다고 말할 것이다. 하지만 적절한 방책을 찾기란 어렵다. 입법기구는 사회가 생겨날 때 최고의 결의에 의해 구성된 것이고, 모든 실정법에 앞서는 것이며, 전적으로 국민에 의존하고, 하위의 권력으로는 결코 그것을 변경하지 못한다. 그러므로 입법기구가 구성되고 나면, 지금까지 논의한 것과 같은 정부의 국민은 그 정부가 존속하는 한 행동할 수 있는 권력이 없다. 즉 그런 폐단은 해소할 방책이 없는 것이다.

158 "국민의 안녕이 최고의 법Salus populi suprema lex"이라는 말은 확실히 정당하고 근본적인 원칙이다. 그 원칙에 성실하게 따르는 사람은 위험한 잘못을 저지르지 않는다. 그러므로 만약 입법기구를 소집할 권력을 가진 집행권자가 낡은 관습을 버리고 올바른 근거에 따라 참된 비율을 준수하기로 마음먹고, 대표를 보낼 권리를 가졌어도 현실적으

로 그럴 능력이 없는 지역을 배제하고 공익에 기여할 수 있는 몫을 기준으로 삼아 대표의 수를 재조정하려 한다면, 그것을 새로운 입법기구를 설립한 것으로 보아서는 안 된다. 오히려 그것은 물려받은 낡은 입법기구를 부활시키고, 오랜 세월에 걸쳐 부지불식간에 생겨난 혼란을 해소하려는 노력이다. 게다가 그것은 공정하고 평등한 대의제를 확립하려는 국민의 관심과 의도에 부합한다. 가급적 그런 방침에 가까이 가는 사람은 정부를 지지하고 뒷받침하는 사람이며, 공동체의 동의와 인가를 확보할 수 있을 것이다. 왕권이라는 것도 따지고 보면 고정불변의 법이 안전을 보장할 수 없는 불확실하고 예측 불가능한 사태를 맞아 공익을 확보하기 위해 군주에게 부여되는 권력에 불과하다. 명백히 국민의 이익을 위한 모든 일, 진정한 토대 위에 정부를 세우는 일은 현재 왕권의 당연한 임무이며, 앞으로도 늘 그럴 것이다. 새로운 자치체를 설립하고 거기서 새로 대표를 보내는 권력에는 시간이 지나면 대표를 뽑는 방식도 달라질 수 있다는 전제가 따른다. 전에는 대표를 보낼 권리가 없었다가 새로 그 권리를 정당하게 취득한 자치체가 있는가 하면, 같은 이유로 전에는 가졌던 그 특권을 이제 지위가 하락해 잃어버린 자치체도 있다. 정부가 손상시키는 것은 부패나 쇠퇴가 초래하는 현재 상태의 변화가 아니다. 그보다는 국민에게 위해나 억압을 가하고 특정한 무리에게 차별적인 특권을 부여해 다른 사람들을 불평등하게 종속

시키는 경향이다. 사회와 국민 전반에 정당하고도 지속적
으로 유익하다고 간주되는 모든 것은 실행되고 나면 반드
시 정당화될 것이다. 국민이 정당하고도 명백히 평등한 기
준에 따라 정부의 기틀에 맞도록 대표를 발탁하기만 하면,
설령 누구의 허락이나 압력을 받아 그렇게 한 것이라 해도
사회의 의지와 행위임이 틀림없다.

왕권에 관하여

159 온건한 군주정이나 잘 정비된 정부에서 보는 것처럼 입법권자와 집행권자가 다른 경우에 사회의 이익을 도모하려면 몇 가지 일은 집행권자의 재량에 맡겨야 한다. 입법자가 공동체에 유용한 모든 것을 예측하고 법으로 대비할 수는 없으며, 국내법은 이에 관해 아무런 지침도 없는 경우가 많다. 따라서 입법기구가 적절히 소집되어 법을 마련할 때까지는 집행자가 일반적인 자연법에 따라 권력을 이용해 사회의 이익을 도모할 권리를 가진다. 법으로 대처할 수 없는 일은 많이 있다. 이런 일들은 집행권을 가진 사람의 재량에 맡겨 공익의 필요에 따라 처리할 수밖에 없다. 어떤 경우에는 법 자체를 집행권에 넘기는 편이 더 나을 수도 있다. 그것은 곧 사회의 모든 구성원을 보호해야 한다는 자연과 정치의 근본적인 법에 의탁하는 셈이다.

법을 엄격하게 준수하면 오히려 해가 되는 경우도 있을 수 있기 때문이다(어느 집에 난 불을 끄기 위해 무고한 이웃집을 무너뜨릴 수는 없는 노릇이다). 또한 보상을 받거나 용납될 수 있는 행동임에도 불구하고 때로는 법이 무차별적으로 적용된 탓에 법에 저촉되는 경우도 있을 수 있다. 그러므로 지배자는 법을 지나치게 엄격히 적용하지 말고 때로는 범법자를 용서할 수도 있는 권력을 가져야 한다. 정부의 목적은 전부의 보호에 있으므로, 아무리 죄인이라 해도 무고한 사람에게 불이익을 주지 않았다는 사실이 입증되면 용서해주어야 한다.

160 공익을 위해서라면 법에 규정되지 않아도, 심지어 때로는 법을 위반하면서까지도 자신의 판단에 따라 행동할 수 있는 권력을 왕권이라고 부른다. 입법권이 항상 존재하지 않는 정부도 있으며, 관계자의 수가 너무 많은 탓에 급히 집행해야 할 일을 제대로 처리하지 못하는 경우도 많다. 공익에 관한 우연한 일이나 필수적인 일을 전부 예측해 법으로 대비할 수는 없다. 또한 모든 경우와 모든 관련된 사람에게 법을 엄격하게 집행해도 아무런 해를 끼치지 않기란 불가능하다. 그래서 법으로 규정되지 않은 여러 가지 일들을 판단할 수 있는 재량이 집행권에 주어질 필요가 있다.

161 이 권력은 공동체의 이익을 위해 사용되고 정부의 신탁과 목적에 부합한다는 측면에서 틀림없는 왕권으로 볼

수 있다. 국민은 그 점에 관해 그다지 꼼꼼하게 따지지 않는다. 왕권이 애초의 용도에 걸맞게 국민의 이익을 도모하고 명백히 거스르지 않는다면 그것에 관해 상세히 알려 하지 않는다. 하지만 집행권과 국민 간의 문제라면 왕권의 행사가 국민에게 이익을 주는지, 손해를 끼치는지 쉽게 판명될 수 있다.

162 정부의 초창기에는 국가라고 해야 규모도 몇 개 가족 정도에 불과했을 것이고, 법의 수도 그 정도만 필요했을 것이다. 정부는 국민의 아버지로서 국민의 이익을 돌보았고 왕이나 다를 바 없었다. 몇 가지 법으로도 충분했으며, 지배자의 재량과 배려가 나머지를 충당했다. 그러나 우둔한 군주가 잘못된 생각에 빠지거나 아부에 넘어가 그 권력으로 공익이 아니라 자신의 사적인 이익을 추구할 경우, 국민은 부득불 명확한 법을 제정해 왕권으로 인해 불이익을 당한 부분에 관해 제약을 가할 수밖에 없었다. 이리하여 과거에 국민의 조상들은 왕권을 올바르게, 즉 국민의 이익을 위해 사용하는 군주의 지혜에 최대한의 재량을 부여했지만, 이제 국민은 그 왕권의 제약이 불가피하다는 것을 천명했다.

163 그러므로 국민이 실정법으로 왕권의 일부분을 제약하는 것을 왕권의 침해라고 말하는 사람들은 정부에 대해 잘못된 관념을 가진 것이다. 왕권을 제약하는 것은 군주가 정당하게 소유한 것을 빼앗으려는 게 아니기 때문이다. 그

보다는 군주와 그의 조상들에게 국민의 이익을 위해 행사하라고 무기한으로 내준 권력이 다른 방식으로 사용될 때 그것은 국민의 의도와 무관하다고 주장하는 것이다. 정부의 목적은 공동체의 이익에 있으므로 이 목적을 위해 어떤 변형이 가해진다 해도 어느 누구를 침해하는 것일 수는 없다. 정부의 누구도 다른 목적을 도모할 권리를 가질 수는 없기 때문이다. 침해란 공익을 손상시키거나 저해하는 행위를 가리킬 따름이다. 그러나 이 견해에 반대하는 사람들은 마치 군주가 애초부터 공동체의 이익과는 다른 이해관계를 가진 것처럼 말한다. 이것이야말로 왕정에서 발생하는 거의 모든 악과 혼란의 뿌리이자 근원이다. 군주가 그런 존재라면, 왕정의 국민들은 상호 이익을 위해 공동체를 결성하는 합리적인 집단이 되지 못한다. 또한 지배자를 섬기게 된 이유도 공익을 수호하고 촉진하는 데 있지 않다. 그런 국민들은 주인의 지배를 받아 마땅하며, 지배자의 쾌락이나 이익을 위해 지배자의 뜻대로 조종되는 열등한 무리에 불과하다. 인간이 그런 조건으로 사회를 형성할 만큼 이성을 결여하여 짐승이나 다름없다면, 왕권은 이따금 현실에서도 보듯이 국민에게 위해를 가하는 전횡적인 권력이 되고 말 것이다.

164 그러나 합리적 인간은 자유가 주어졌을 때 스스로 피해를 감수하면서 남의 밑에 종속되지는 않는다. (물론 훌륭하고 현명한 지배자를 만난다면, 그의 권력을 꼼꼼히 제한하는

게 반드시 필요하다거나 유용하다고 여기지는 않을 것이다.) 왕권
이란 단지 국민이 지배자에게 해당 법규가 없는 사안들을
재량에 따라 적절히 처리할 수 있도록 허용한 것에 불과하
다. 때로는 법의 조항에 살짝 어긋나는 경우라 해도 공익
을 위한 것이면 용납된다. 수중에 위탁된 권력을 의식하고
국민의 이익을 배려하는 훌륭한 군주는 선을 행하는 권력
을 가진 것이므로 왕권이 지나치다고 할 수 없다. 그에 반
해 우둔하고 사악한 군주는 자기 조상들이 법의 감독을 받
지 않고 행사하던 권력이 자신의 지위에 따른 권리로서 자
신에게 왕권으로 귀속되었다고 주장하며, 그 권력을 공익
과 무관하게 사사로운 이익을 증진하는 데 자기 마음대로
행사할 수 있다고 믿는다. 국민은 그 권력이 자신들의 이
익을 위해 사용될 때는 묵인하고 넘어가지만, 그렇지 않을
경우에는 자신들의 권리를 내세워 왕권을 제한하려 한다.

165 영국의 역사를 살펴본 사람은 알겠지만, 왕권이 가
장 컸을 때는 언제나 현명하고 훌륭한 군주의 수중에 있을
때였다. 그 경우 국민은 군주의 행동이 공익을 위한 것임
을 잘 알고 있었기에, 법 없이 권력이 행사되어도 항의하
지 않았던 것이다. 설령 인간의 약점이나 실수로 인해(군주
역시 다른 사람들처럼 하나의 인간이니까) 그 목적에 다소 어긋
나는 일이 발생한다 해도, 군주의 행동이 주로 공익을 도
모하는 데 있다는 점은 명백했다. 그래서 국민은 군주에게
만족할 만한 이유가 있을 경우 군주가 법을 고려하지 않거

나 법의 조항에 어긋나게 행동할 때도 그 처사를 묵인하고 불평을 제기하지 않았으며, 마음껏 왕권을 확대하도록 내버려두었다. 군주가 모든 법의 근원이자 목적인 공익을 추구하는 이상 법을 위반하지는 않은 것이라고 올바르게 판단했던 것이다.

166 신이 우주를 직접 다스린다는 사실은 곧 절대군주정이 최선의 정부임을 증명한다. 이런 논거에 따르면 신과 같은 군주는 전횡적 권력을 가질 자격이 있다. 그런 왕은 지혜와 덕을 충분히 갖추었기 때문이다. 그런데 같은 맥락에서, 훌륭한 군주의 치세는 언제나 국민의 자유를 크게 위협했다는 말도 가능하다. 그 이유는 후계자들이 전과 다른 방식으로 통치하면서도 훌륭한 지배자의 행동을 전례로 삼아 왕권의 표준으로 확립하기 때문이다. 예전에는 국민의 이익을 위한 일이었던 것이 후대에는 군주가 원한다면 마음대로 국민에게 해를 끼칠 수 있는 권리로 둔갑하는 것이다. 그로 인해 다툼이 자주 벌어지고 공적인 혼란도 빚어진 끝에 국민은 원래의 권리를 되찾고 처음부터 왕권이 아니었던 것을 새삼 왕권이 아니라고 선언했다. 사회의 어느 누구도 결코 국민에게 위해를 가할 권리를 가질 수는 없다. 하지만 왕이나 지배자가 공익의 한도를 넘지 않을 경우 국민이 굳이 그 권력을 제한하려 들지 않는 것은 충분히 가능하고 합리적인 일이다. "왕권이란 곧 법규 없이 공익을 도모하는 권력이다."

167 영국에서 의회를 소집하고 시기와 장소, 기한을 정하는 권력은 분명히 국왕의 권한이다. 하지만 동시에 그 권력 행사는 비상사태나 사정의 변화로 인해 필요한 경우로 국한되어야 하며 국익에 보탬이 되어야만 한다. 의회를 언제 어디서 소집해야 공익에 도움이 되고 의회의 목적에 가장 잘 맞을지는 전혀 예측할 수 없으므로 그 판단은 집행권의 몫이 된다.

168 왕권의 문제와 관련해 해묵은 쟁점이 제기될 수 있다. "그 권력이 올바르게 사용되는지를 누가 판단할 것인가?" 내 대답은 이렇다. 왕과 같은 집행권자와 왕권에 의해 소집되는 입법기구 사이에서 판단을 내릴 자격은 세상 누구에게도 없다. 집행권자나 입법기구가 수중의 권력으로 국민을 예속화하고 파괴하려 할 때 입법기구와 국민 사이에서 누구도 판단을 내릴 자격이 있을 수 없는 것과 마찬가지다. 이런 경우 국민은 세속에서 재판관을 찾지 못하고 하늘에 호소할 수밖에 없는 처지가 된다. 그렇게 행사되는 권력은 국민이 지배자에게 준 적이 없으므로(자신이 피해를 입기 위해 남의 지배를 받는 데 동의할 사람은 없다) 지배자는 그럴 권리가 없다. 국민 전체든 한 개인이든 권리를 빼앗기거나 권리 없이 행사되는 권력의 피해를 입고서 달리 호소할 데가 없다면, 하늘에 호소할 자유를 가진다. 그러므로 사회의 법규에 의해 국민은 유효한 판결을 내릴 수 있는 상위 권력을 가진 재판관이 될 수는 없지만, 인간의

모든 실정법보다 선행하고 우월한 법에 의해 전 인류에게 공통적인 궁극적 결정권을 가지며, 그것에 의거해 세속에 호소할 곳이 없는 경우 하늘에 호소할 정당한 명분을 가졌는지를 판결할 수 있는 것이다. 이 판결권은 결코 없앨 수 없다. 스스로 타인에게 종속되어 그에게 자신을 파괴할 자유를 주는 것은 인간의 권력을 넘어서는 문제이기 때문이다. 신과 자연은 인간이 스스로를 포기하거나 자신의 보존을 소홀히 하는 것을 허용하지 않는다. 인간은 스스로 자신의 목숨을 박탈할 권리가 없기 때문에 타인에게 그 권리를 내줄 수도 없다. 바로 거기에 혼란의 항구적인 원천이 있는 게 아니냐고 생각해서는 안 된다. 물론 그 폐해가 너무 커져 다수가 느끼고 우려하고 수정할 필요성을 인식하게 될 가능성도 있다. 하지만 집행권자나 현명한 군주라면 그런 위험에까지 봉착하지 않는다. 그것은 무엇보다도 위험한 사태이기 때문에 군주로서는 무엇보다도 피해야 할 것이다.

부권, 정치권력, 전제 권력에 관한 종합적 고찰

169 이 권력들에 관해서는 앞에서 별개로 다룬 적이 있다. 그러나 근래에 들어 서로 다른 이 권력들을 혼동함으로써 정부에 관한 커다란 착각이 생겨났으므로 여기서 한데 모아 고찰해보는 것도 나쁘지 않을 것이다.

170 첫째. 부권 혹은 부모의 권력은 부모가 자식에게 가지는 권력에 불과하다. 자식의 이익을 위해 자식이 이성을 사용할 수 있을 때까지 돌보는 권력이다. 그렇게 양육된 자식은 자연법이든 실정법이든 그 법 아래 자유인으로 살아가는 다른 사람들처럼 규칙을 이해하고 스스로를 다스릴 수 있게 된다. 신이 부모의 가슴에 심어준 자식에 대한 애정과 관심은 부모의 권력이 가혹한 전제적 통치가 아니라 자식을 돕고 가르치고 보호하기 위한 것임을 명백히 보여준다. 하지만 앞에서 증명했듯 그 권력은 다른 사람들에게

도 그렇듯이 자식에게도 생사까지 좌우할 정도는 되지 못한다. 또한 이 부권으로 자식이 다 자란 뒤에까지 부모의 의지에 종속시킬 수는 없다. 자식은 부모에게서 생명과 교육을 받은 보답으로 평생토록 부모를 존경하고, 존중하고, 감사하고, 지원하고, 부양하는 의무를 질 따름이다. 이와 같이 부모의 다스림은 자연적 통치일 뿐 정치와 법으로까지 연장되지는 않는다. 아버지의 권력은 자식이 자신의 재산을 처분하는 권리까지 침해하지는 못한다.

171 둘째, 정치권력은 모든 사람이 자연 상태에서 가지는 권력을 사회에 양도한 것이다. 사회가 지정한 지배자는 그 명시적이거나 묵시적으로 위탁된 권력을 이용해 구성원들의 이익을 도모하고 재산을 보호한다. 자연 상태에서 누구나 가졌고 사회의 보호를 얻는 대가로 사회에 넘겨준 이 권력은 구성원이 자기 재산을 보호하기에 적합하다고 생각하는 수단과 자연이 허용한 수단을 이용해야 한다. 또한 자연법을 위반한 사람을 징벌하고, (구성원의 이성을 최대한 발현해) 여타의 사람들을 보호하는 데도 그 권력이 행사된다. 이 권력의 목적과 수단은 자연 상태에서 모두의 수중에 있을 때 사회 모든 구성원, 즉 인류 전체를 보호하는 것이었듯이, 위정자의 수중에서도 사회 구성원들의 생명, 자유, 재산을 보호하는 것 이외에 다른 목적이나 수단을 가질 수 없다. 사람들의 생명과 재산을 최대한 보호해야 하므로 절대적이고 전횡적이 될 수 없는 권력이다. 그 반대

로 이 권력은 법을 만들고 형벌을 법에 부가해 전체를 보호하며, 건전하고 건강한 부분을 위협하는 썩은 부분을 잘라버린다. 그런 부분 이외에 다른 부분을 함부로 제거하는 것은 온당치 않다. 또한 이 권력은 공동체를 형성하는 사람들의 계약과 합의, 상호 동의에 뿌리를 두고 있다.

172 셋째, 전제 권력은 한 사람이 다른 사람의 생명까지 자기 마음대로 빼앗을 수 있는 절대적이고 전횡적인 권력이다. 자연은 사람과 사람의 차이를 구분하지 않으므로 이 권력은 자연이 주는 게 아니다. 또한 누구나 자신의 삶이 그런 전횡적 권력에 좌우되기를 원하지 않고 타인에게 그런 권력을 행사할 수도 없으므로 이 권력은 계약으로 양도되는 것도 아니다. 그래서 이 권력은 공격자가 다른 사람과 전쟁 상태에 들어가 그의 생명권이 박탈되는 경우에만 생겨난다. 공격자는 신이 사람과 사람 간의 규칙으로서, 인간이 서로 우호를 맺고 사회로 결집하는 공통의 유대로서 부여한 이성을 버린 것이다. 그는 이성이 가르치는 평화의 길을 거부하고, 전쟁의 힘을 이용해 자신의 부당한 목적을 함부로 남에게 강요한다. 그래서 인간에서 짐승으로 변해 자기가 가진 무력을 옳고 그름의 기준으로 삼는다. 결국 그는 위해를 당한 사람, 그리고 그 사람과 함께 정의를 집행하고자 하는 전 인류의 손에 의해 해로운 야생의 짐승처럼 파멸을 당할 수 있다. 그런 자가 있다면 인류는 사회를 이룰 수도 없고 안전을 도모할 수도 없다.* 그러

므로 정당하고 적법한 전쟁에서 사로잡힌 포로만이 전제 권력의 지배를 받는다. 오로지 전쟁 상태에서만 성립할 수 있을 뿐 계약에서 생겨날 수는 없다. 자신의 생명을 자신이 통제하지 못하는 사람과 어떤 계약이 가능하겠는가? 그런 사람이 어떤 계약 조건을 이행할 수 있겠는가? 만약 그가 자신의 생명을 통제할 수 있게 된다면 주인의 전제적이고 전횡적인 권력은 사라진다. 자신과 자기 생명의 주인은 그것을 보존할 수단을 구사할 권리를 가진다. 따라서 계약이 성립하면 노예 상태는 끝난다. 그렇게 되면 포로와 계약 조건을 협상할 수 있으며, 절대 권력을 포기하고 전쟁 상태를 종식시키게 된다.

173 자연이 첫째 권력, 즉 부권을 부모에게 준 것은 자식이 어릴 때 자식의 이익을 도모하고, 장차 자신의 재산을 관리하는 방법을 깨우치도록 해주기 위해서다(여기서 재산이란 다른 곳에서와 마찬가지로 신체와 재물을 다 포함하는 의미다). 둘째 권력, 즉 정치권력은 자발적인 동의로 백성이 지배자에게 주는 권력인데, 그 목적은 백성의 이익을 도모하고 백성이 안전하게 재산을 소유하고 이용할 수 있도록 하는 데 있다. 셋째 권력, 즉 전제 권력은 박탈에서 비롯되며, 주인이 자신의 이익을 위해 전 재산을 빼앗긴 사람들에게 행사하는 권력이다.

154

174 이 몇 가지 권력의 각기 다른 기원과 범위, 목적을 고찰해보면, 부권은 정치권력에 비해 크게 모자라고 전제 권력은 정치권력을 능가한다는 것을 명확히 알 수 있다. 또한 절대적 지배는 어떻게 해도 시민사회의 지배가 될 수 없다는 것도 알 수 있다. 노예 상태와 재산 소유가 양립할 수 없는 것과 마찬가지다. 부권은 단지 미성년의 자식이 자기 재산을 관리할 능력을 가지지 못했을 때만 효력을 발휘하며, 자식이 자기 재산을 스스로 처분할 수 있게 되면 정치권력이 작용한다. 그리고 전제 권력은 재산이 아예 없는 자에게 행사된다.

정복에 관하여

175 정부의 기원은 앞에서 말한 것 이외에 다른 것일 수
없으며, 정치의 근본은 국민의 동의 이외에 어떤 것도 없
다. 그러나 야심이 세계를 혼란으로 몰아넣고 소란스러운
전쟁이 인류 역사의 대부분을 얼룩지게 한 탓에 국민의 동
의는 그다지 주목을 받지 못한다. 그래서 무기의 힘을 국
민의 동의로, 정복을 정부의 기원으로 착각하는 사람들이
많다. 하지만 정복은 정부의 수립과 관계가 멀다. 집을 부
수는 것과 그 장소에 새로 집을 짓는 것이 같을 수는 없다.
물론 예전의 국가를 파괴하면 새로운 국가의 틀을 만들기
에 용이한 것은 사실이다. 그러나 국민의 동의가 없으면
결코 새로운 국가를 세울 수 없다.

176 전쟁 상태를 일으키고 그 부정한 전쟁으로 부당하
게 타인의 권리를 침해하는 공격자가 피정복자에게 권리를

행사하지 못한다는 것은 누구나 쉽게 인정할 것이다. 강도와 해적이 무력으로 충분히 사람들을 다스릴 수 있다고 해서 정당한 통치권을 가진다고 생각할 수는 없다. 또한 인간이 불법적인 무력으로 강요당한 약속에 구속되어야 한다는 것도 온당치 않은 일이다. 만약 강도가 내 집에 쳐들어와 단도로 위협하며 내 땅을 그에게 넘긴다는 문서에 도장을 찍게 했다면 과연 그에게 소유권이 주어질까? 무력으로 복종을 강요하는 부정한 정복자는 칼로 위협해 소유권을 획득하려는 것이나 다를 바 없다. 왕의 옷을 입은 자든 하찮은 악한이든 위해와 범죄를 저지른 것은 마찬가지다. 아무리 지위가 높고 추종자가 많다 해도 범죄자는 어디까지나 범죄자이며, 오히려 그럴수록 더 큰 범죄자다. 차이가 있다면 큰 강도는 작은 강도를 핍박해 복속시킬 수 있다는 것뿐이다. 하지만 큰 강도는 이 세계의 허약한 정의로 감당하기에는 너무 크기 때문에 승리의 월계관을 차지하며, 권력을 틀어쥐고 범죄자들을 응징할 수 있다. 내 집에 쳐들어온 강도에 대해 나는 어떻게 대처해야 할까? 일단 법의 정의에 호소할 수 있다. 그러나 아마 정의는 통하지 않을 것이다. 내 몸 어딘가가 부러져 꼼짝도 못할 테고 재산을 빼앗겨 법에 호소하지도 못할 것이다. 신이 모든 대응 수단을 빼앗아간다면 나는 그저 참을 도리밖에 없다. 하지만 신체가 멀쩡한 내 아들은 내가 거부당한 법의 구제를 꾀할 수도 있다. 손자까지 대를 이어 호소를 거듭한다면 마침내 권리를 되찾을지도 모른다. 그러나 피정복자와 그의 후손은 호소할 법정도, 재판관도 없다. 그래서 입다가 그랬듯이 하늘에 호소할 것이다. 조상들이 타고난 권리를 되찾아 다수가 승인하고 자발적으로 따르는 입법기구를 가지게 될 때까지 호소를 거듭할 것이다. 그 호소가 거부되면 분쟁이 끝없이 이어지지 않을까? 그러나 모든 사람에게 호소할 길이 열려 있다면 정의가 제 구실을 할 것이다. 이유 없이 이웃을 괴롭히는 자는 그가 호소하는 법정의 정의에 의해 징벌을 받는다. 하늘에 호소하는 사람은 자신이 옳다고 확신해야 하며, 호소에 따르는 고통과 비용을 치를 가치가 있는 권리라는 것을 믿어야 한다. 하늘의 법정에서는 누구도 속일 수 없고 자신이 타인에게, 즉 인류의 일부분에게 저지른 해악에 따라 모든 사람에게 천벌이 가해진다. 이것으로 명백히 알 수 있다. "부정한 전쟁으로 정복하는 자는 피정복자의 복종과 복속을 요구할 자격이 없다."

177 그러나 정의가 승리한다는 것을 가정하고, 정당한 전쟁의 정복자를 생각해보자. 그는 누구에 대해 어떤 권력을 갖게 될까?

첫째, "함께 정복에 참여한 사람들에게 권력을 행사하지 못한다"는 것은 명백하다. 그의 편에서 싸운 사람들은 정복으로 피해를 입을 수 없으며, 최소한 예전과 같은 자유를 누려야 한다. 보통 그들은 지도자와 약정을 맺고 정해진 조건으로 지도자를 섬기며, 정복에 부수되는 전리품이나 기타 이득을 나눠 가진다. 혹은 정복된 나라의 일부를 받는 경우도 있다. "정복자는 정복으로 인해 노예가 되지 않는다." 그들이 승리의 월계관을 쓰는 것은 그저 지도자의 업적에 기여했다는 것만을 보여주기 위해서가 아니다. 칼의 힘으로 절대군주제를 세운 사람들은 그런 정치 체제를 창건한 영웅을 오만한 드로캔서Drawcansir(17세기 풍자극의 등장인물로, 아군과 적군을 가리지 않고 다 죽인 지배자: 옮긴이)로 삼으며, 자신의 편에서 싸우고, 승리와 정복을 돕고, 정복한 나라를 함께 나눈 장교와 사병들이 있었다는 것을 잊어버린다. 흔히 영국 군주제는 노르만 정복으로 수립되었으므로 우리 군주들은 절대적 지배권을 가졌다고들 말한다. 만약 그게 사실이라면(역사를 살펴보면 그렇지도 않지만), 정복왕 윌리엄은 영국에서 전쟁을 벌일 권리를 가졌다고 볼 수 있으나 정복으로 얻은 지배권은 당시 이 나라의 주민이었던 색슨인과 브리튼인에게까지만 미칠 따름이다. 윌리엄과 함께 와서 정복을 도운 노르만 인과 그 후손들은 모두 자유인이며, 어떤 지배권하에서도 정복으로 인해 피지배자가 된 것은 아니다. 만약 나나 다른 어떤 사람이 바로 그들에게서 자유가 비롯되었다고 주장한다 해도 그것을 반증하기란 대단히 어렵다. 법은 이 사람 저 사람을 구별하지 않으므로 그들의 자유나 특권에 전혀 차이를 만들어 내지 않는다.

178 그러나 정복자와 피정복자가 한 민족으로 통합되어

똑같은 법과 자유를 누리는 경우는 드물다. 그러므로 다음으로 넘어가 "정당한 정복자는 피정복자에게 어떤 권력을 행사하는지"에 관해 살펴보자. 그것은 전제 권력밖에 없다. 정복자는 부정한 전쟁으로 생명권이 박탈된 사람의 생명에 절대적인 권력을 가진다. 하지만 전쟁에 참여하지 않은 사람의 생명이나 재산은 지배하지 못하며, 전쟁에 참여한 사람이라 해도 그 재산을 지배하지는 못한다.

179 둘째, 그렇다면 정복자는 자신에게 맞선 부정한 무력을 실제로 지원하고 동의한 사람들에게만 권력을 행사할 수 있다. 국민은 정부에게 부정한 전쟁을 벌이는 것과 같은 부정한 일을 할 권력을 부여하지 않았으므로(국민 자체도 그런 권력을 가지고 있지 않다), 실제로 부정한 전쟁을 부추겼다는 정도의 책임 이외에는 전쟁에서 자행된 폭력과 불의에 대한 책임이 없다. 그것은 지배자가 국민에게, 혹은 자신의 동료들에게 폭력이나 억압을 가했다고 해서 국민이 책임지지 않는 것과 마찬가지다. 국민은 그런 권력을 지배자에게 주지 않았다. 사실 정복자는 굳이 그런 차이를 구분하려 하지 않고 전쟁의 혼란을 통해 한꺼번에 휩쓸어버리려 하게 마련이다. 하지만 그렇다 해도 달라질 것은 없다. 정복자가 피정복자의 생명에 대해 권력을 가지는 이유는 단지 불의를 저지르고 유지하는 데 무력을 사용했기 때문이다. 그러므로 그는 그 무력에 동참한 사람들에게만 권력을 행사할 수 있을 뿐이며, 나머지는 다 무관하다. 또한

정복자는 정복된 나라의 국민들에게도 권력을 행사하지 못한다. 그들은 그에게 아무런 위해도 가하지 않았으므로 그들의 생명을 박탈할 수는 없다. 아무런 위해나 도발을 하지 않고 공정한 관계 속에서 살아온 사람들을 그렇게 대우할 수는 없는 것이다.

180 셋째, 정복자가 정당한 전쟁에서 복속시킨 사람들에게 가지는 권력은 완벽한 전제 권력이다. 그는 전쟁 상태에 참여함으로써 생명권을 상실한 사람들의 생명을 좌우하는 절대 권력을 가진다. 하지만 그렇다고 해서 그들의 재산에 대해서까지 권리가 있는 것은 아니다. 언뜻 생각하면 묘한 주장으로 여겨질지도 모른다. 일반적인 관행과 크게 다른 것처럼 보이기 때문이다. 한 나라의 영토만 놓고 볼 때는 어떤 사람이 영토를 정복했다는 말이 딱 어울린다. 그저 정복만으로도 명확히 소유권이 이전되었음을 나타낼 수 있다. 그러나 아무리 강자의 관행이 널리 퍼져 있다 해도, 그리고 정복을 당했을 때는 정복자가 무력으로 강요하는 조건에 맞서지 못하는 게 일반적이라 해도 그것이 옳고 그름의 잣대가 되지는 않는다.

181 무릇 전쟁에는 무력과 피해가 얽히게 마련이다. 또한 공격자는 싸우는 상대의 신체에 무력을 가하기 때문에 재산에 아무런 피해도 주지 않을 수는 없다. 하지만 인간을 전쟁 상태로 몰아넣는 것은 무력을 사용할 때뿐이다. 무력으로 위해를 가하든 속임수로 위해를 가하든, 위해에

대한 배상을 거부하고 무력을 동원해 그런 상태를 유지한다면(처음부터 무력을 사용한 것과 다를 바 없다), 전쟁을 유발하는 부정한 무력의 사용이 된다. 누가 내 집으로 쳐들어와 폭력으로 나를 내쫓는 것이나, 평화적으로 들어와 무력으로 나를 내모는 것이나 사실상 매한가지이기 때문이다. 물론 내가 말하는 것은 그런 처지를 호소하고 모두가 따르는 판결을 내려주는 공통의 재판관이 존재하지 않는 상태를 가정하고 있다. 그것은 "인간을 전쟁 상태로 내모는 부정한 무력의 사용"이다. 그 책임이 있는 사람은 생명권이 박탈된다. 사람과 사람 사이의 규칙이 되는 이성을 포기하고 짐승처럼 무력을 사용하는 사람은 그가 무력을 행사하는 상대방에 의해 사납고 굶주린 짐승처럼 취급되어 죽임을 당할 수 있다.

182 아버지의 허물은 자식의 잘못이 아니기 때문에, 설령 아버지가 폭력과 부정을 일삼는다 해도 자식은 이성적이고 온순하게 자랄 수 있다. 아버지는 자신의 잘못과 폭력으로 자신의 생명만 상실할 수 있을 뿐 자식까지 자신의 죄나 파멸에 끌어들이지는 못한다. 그의 재물은 모든 인간을 최대한 보호하고자 하는 자연이 자식의 파멸을 막기 위해 자식의 것으로 만들어주었으므로, 계속 자식의 소유가 될 수 있다. 자식이 나이가 어리거나, 부재중이거나, 자신의 선택으로 전쟁에 불참했다면 재산을 잃을 만한 일을 전혀 한 것이 아니다. 정복자는 무력으로 자신을 공격하려

한 사람을 굴복시켰다는 자격만으로는 그의 재산까지 빼앗을 권리를 가지지 못한다. 물론 전쟁 중에 입은 피해를 보상하고 자신의 권리를 보호하기 위해 어느 정도의 권리를 가질 수도 있다. 그것이 피정복자의 재산에 어디까지 영향을 미치는지는 차차 살펴보기로 하자. 정복에 의해 남의 신체를 마음대로 파괴할 권리를 가졌다고 해도 그의 재산까지 소유하고 향유할 권리가 있는 것은 아니다. 공격자가 짐승 같은 무력을 사용하면, 상대방도 역시 그를 해로운 짐승처럼 여기고 마음대로 그의 생명을 빼앗을 권리를 가지게 된다. 그러나 타인의 재물을 소유할 수 있는 권리가 허용되는 것은 오로지 자신이 손해를 입었을 경우밖에 없다. 나는 도로에서 나를 공격한 강도를 죽일 수는 있어도, (생명보다 중요하지 않은) 그의 돈을 빼앗고 그를 풀어줄 수는 없다. 그러면 오히려 내가 강도짓을 저지른 게 되기 때문이다. 그의 무력과 그가 자초한 전쟁 상태는 그의 생명을 상실하게 하지만, 그렇다고 해서 내가 그의 재물을 차지할 권리를 가지는 것은 아니다. 정복에서 생겨나는 권리는 전쟁에 참여한 사람의 생명에만 국한될 뿐 그의 재산까지 연장되지는 않는다. 다만 전쟁에서 입은 피해와 들어간 경비를 보상받을 수는 있는데, 이 경우에도 무고한 처자식의 권리는 유지된다.

183 정복자가 충분히 정의롭다고 가정해보자. 그래도 그에게 피정복자가 상실할 수 있는 것 이상을 차지할 권리

는 없다. 승자는 피정복자의 생명을 장악하고 배상으로 그의 노역과 재물을 요구할 수 있으나 그 처자식의 재물까지 빼앗을 수는 없다. 처자식도 피정복자의 재물에 대한 소유권이 있고 재산의 일정 부분을 가질 수 있기 때문이다. 예를 들어 자연 상태(국가들끼리의 관계는 자연 상태와 같다)에서 내가 남에게 위해를 가하고도 배상을 하지 않았다면, 전쟁 상태로 돌입하게 된다. 내가 부당하게 획득한 것을 무력으로 지키려 한다면 나는 공격자가 된다. 내가 정복을 당한다면 내 생명은 당연히 적의 수중에 들어가겠지만, 내 처자식은 그렇지 않다. 처자식은 전쟁을 하지도 않았고 돕지도 않았다. 나는 그들의 생명이 상실되게 할 수 없다. 그들의 생명은 내 것이 아니므로 상실될 수 없다. 내 아내가 내 재산의 일부분을 소유하고 있다면 그것도 상실되지 않는다. 내 자식 역시 내가 낳았으므로 내 노역이나 생존으로 양육될 권리를 가진다. 그렇다면 사정은 이렇게 된다. 정복자는 피해를 보상받을 권리가 있고, 내 자식은 아버지의 재산으로 생존할 권리가 있다. 또한 내 아내도 자신의 노역이나 계약을 통해 소유권을 가지므로 남편이 그녀의 재산을 상실할 수 없다는 것은 명백하다. 이런 경우 어떻게 처리해야 할까? 자연의 근본 법칙은 가능한 한 모든 것이 보존되어야 한다는 데 있다. 그러므로 정복자의 손실과 자식의 생존을 둘 다 충족시키기에 불충분하다면, 여유가 있는 측이 한 발 양보해 더 절박한 측에게 권리를 내주어야 한다.

184 그러나 정복자에게 전쟁의 비용과 피해를 완전히 보상해야 하고, 피정복자의 자식은 아버지의 전 재산을 잃어 굶어죽을 지경에 처했다고 가정해보자. 이 경우 정복자는 충분한 보상을 얻겠지만, 그렇다 해도 그가 정복한 나라의 소유권이 그에게 돌아가지는 않는다. 모든 토지에 임자가 있고 황무지가 전혀 없는 지역이라면, 전쟁의 피해가 아무리 크다 해도 그 토지 대부분의 가치에 맞먹을 경우는 드물다. 또한 만약 내가 정복자의 토지를 빼앗지 않았다면(나는 피정복자이므로 빼앗을 수도 없는 노릇이지만) 내가 그에게서 다른 어떤 전리품을 얻더라도 내 토지의 가치에 해당하지는 못한다. 내가 유린한 그의 토지와 경작된 정도와 넓이가 똑같다고 가정해도 마찬가지다. 고작해야 한두 해의 수확물을 파괴하는 게 통상적인 최대의 전리품이다(4~5년분까지 가는 경우는 드물다). 돈은 아무리 많이 빼앗는다 해도 자연의 산물이 아니므로 가상의 가치에 불과하다. 자연의 기준으로 보면, 아메리카인이 유럽의 군주에게 준 왐폼페케wampompeke(조개껍데기로 된 아메리카 인디언의 화폐: 옮긴이)나 아메리카인에게 준 유럽의 은화나 쓸모가 없기는 마찬가지다. 또한 5년간의 수확물을 파괴하는 것은 모든 토지에 임자가 있고 황무지가 전혀 없는 지역에서 영구적인 토지 상속권을 빼앗는 것에 미치지 못한다. 이 점은 교환 비율이 5 대 500에 달하는 불균형한 돈이라는 가상의 가치

를 빼놓고 생각한다면 쉽게 납득할 수 있다. 물론 주민들이 소유하고 이용하는 것보다 많은 토지가 남아 있어 누구든 마음대로 황무지를 개간할 수 있는 곳이라면, 반년 치 수확물이라도 상속권보다 클 수 있다. 하지만 정복자는 대개 피정복자의 토지를 직접 소유하려 하지 않는다. 그러므로 자연 상태의 인간(모든 군주와 정부들은 서로 간에 자연 상태에 있다)이 타인에게서 어떤 피해를 입는다 해도 정복자는 피정복자의 후손이 가지는 재산까지 박탈할 수는 없다. 그 재산은 대대로 후손들에게 돌아가야 할 몫이다. 정복자는 자칫 자신이 주인이라고 생각하기 쉽다. 사실 피정복자는 권리를 내세울 처지가 되지 못한다. 하지만 그렇다면 그것은 강자가 순전히 무력으로 약자에게서 갈취하는 권리와 다를 바 없다. 그런 논리라면 가장 강한 자가 무엇이든 자기 마음대로 빼앗을 권리를 가지게 될 것이다.

185 정복자는 정당한 정복 전쟁이라 해도 전쟁에서 그와 함께한 사람들, 정복 국가에서 그에게 반대하지 않은 사람들, 그리고 그 후손들에 대해 지배권을 가지지 못한다. 그들은 정복자에게 전혀 종속되지 않는 자유의 몸이다. 예전 정부가 해체되면 그들은 스스로 새 정부를 수립할 자유가 있다.

186 정복자는 대개 무력으로 지배하며, 피정복자의 가슴에 칼을 겨누고 자기 마음에 드는 통치를 강요한다. 그런데 과연 그에게 그럴 권리가 있을까? 만약 피정복자가

자신의 동의에 의해 복종하는 것 아니냐고 생각한다면, 정복자에게 지배권을 부여하기 위해서는 그 동의가 반드시 필요하다는 것을 인정하는 셈이다. 그렇다면 생각해볼 문제는 뻔하다. 정당한 권리가 없이 무력으로 강요된 약속을 동의라고 볼 수 있는가? 그것은 얼마나 구속력을 가지는가? 나는 전혀 구속력이 없다고 본다. 만약 누가 내게서 무력으로 무엇을 빼앗았다면 나는 그 권리를 잃은 게 아니며, 그는 즉각 내게 반환할 의무가 있다. 내게서 말을 강제로 탈취한 사람은 즉각 내게 말을 돌려줘야 하고 나는 되찾을 권리가 있다. 마찬가지 이유로, 내게 약속을 강요한 사람은 즉각 그것을 취소해 약속의 의무를 면제해주어야 한다. 혹은 내가 직접 권리를 되찾아 약속의 이행을 스스로 결정할 수도 있다. 자연법은 명시된 규칙으로만 내게 의무를 지울 수 있을 뿐 그 규칙을 침해함으로써, 이를테면 무력으로 내게서 뭔가를 빼앗아감으로써 내게 의무를 지우지는 못한다. 무력을 동원해 권리를 빼앗고서 "상대방이 약속한 것"이라고 말하는 것은 억지에 불과하다. 권총을 내 가슴에 겨누고 협박하는 강도에게 내가 내 손으로 내 주머니에서 내 지갑을 직접 건네주었다고 해서 그것을 약속이라고 볼 수는 없는 노릇이다.

187 이상의 논의에서 결론을 내릴 수 있다. 전쟁의 권리를 갖지도 못하고 정복자에 반대하는 전쟁에 가담하지도 않은 피정복자에게 정복자의 정부가 무력으로 강요된다

면, 피정복자는 권리를 잃지 않으며, 그 정부에 대해 아무런 의무도 지지 않는다.

188 하지만 그 공동체의 모든 사람이 같은 정치기구의 구성원일 경우에는 사정이 달라질 수 있다. 그들은 자신들을 복속시킨 그 부정한 전쟁에 가담할 수도 있었으므로 그들의 생명은 정복자의 수중에 놓이게 된다.

189 미성년의 자식은 거기서 제외된다. 아버지는 자식의 생명이나 자유를 통제하는 권력을 가지고 있지 않기 때문에 그의 어떤 행위도 자식의 생명과 자유를 상실하게 할 수는 없다. 그러므로 자식은 아버지에게 어떤 일이 일어나더라도 자유를 잃지 않는다. 정복자의 절대 권력은 그가 정복한 당사자를 넘어서까지 행사되지는 못하며, 피정복자가 죽으면 그와 함께 사라진다. 설령 정복자가 피정복자를 절대적이고 전횡적인 권력에 예속된 노예로 거느린다 해도 그 자식에 대해서까지 권리와 지배권을 가지는 것은 아니다. 아무리 동의를 강요한다 해도 자식이 직접 동의하지 않으면 정복자는 그를 지배하지 못한다. 선택이 아니라 무력으로 복종을 강요할 경우 정복자는 합법적 권위를 행사하지 못한다.

190 모든 사람은 태어나면서부터 이중의 권리를 가진다. 첫째는 자기 신체에 관한 자유의 권리다. 자신의 신체는 타인이 지배할 수 없으며, 자신이 자유롭게 이용할 수 있다. 둘째는 아버지의 재물을 타인에 앞서 형제와 함께

상속받을 권리다.

191 첫째 권리에 의해, 인간은 어떤 지배권이 적용되는 곳에서 태어나든 본래 타인의 통치에 예속되지 않을 자유를 가진다. 하지만 자신이 태어난 나라의 적법한 정부를 무시한다면, 동시에 그 법이 보장해주는 권리도 포기하는 셈이다. 또한 그 정부가 조상의 동의에 의해 성립되었다면 조상에게서 물려받은 재산도 포기하는 것이 된다.

192 둘째 권리는 조상이 정복을 당해 자유로운 동의가 아니라 강요된 정부의 치하에서 살았던 주민들의 경우와 관련된다. 조상에게서 재산 소유권을 물려받은 주민들은 그 나라의 재산 소유자들이 무력으로 가혹한 조건을 강요하는 통치에 자발적으로 동의하지 않더라도 조상의 재산권을 그대로 유지한다. 최초의 정복자는 그 나라의 토지 소유권을 가지지 못하기 때문이다. 피정복자의 후손들, 혹은 강제로 원치 않은 정부에게 복속되었다고 주장하는 사람들은 언제든 억압을 분쇄하고 칼로써 강요된 전제의 침탈로부터 자유를 쟁취해 그들이 자발적으로 동의하는 정부 형태를 구성할 권리를 가진다. 예컨대 고대부터 그리스의 주인이었던 그리스의 그리스도교도들이 오랫동안 자신들을 핍박해온 투르크의 멍에를 벗어던지기 위해 호시탐탐 기회를 노리는 것은 지극히 정당하지 않은가? 어떤 정부도 자발적으로 동의하지 않은 주민들에게 복종을 강요할 권리는 없다. 그렇게 강요한다 해도 결국에는 주민들이 완전한 자

유 상태를 얻어 정부와 통치자를 선택하든가, 혹은 적어도 주민들이나 주민 대표들이 자유로운 동의에 따라 법을 제정할 것이다. 주민들은 정당한 재산 소유가 인정되어 자신들의 동의가 없으면 누구도 빼앗아갈 수 없는 재산의 주인이 될 것이다. 그렇지 못하다면 어떤 정부하에서든 인간은 자유인의 상태가 아니라 전쟁의 무력에 짓밟힌 노예의 상태가 된다.

193 실제로는 그렇지 않다는 게 명백하지만, 정당한 전쟁의 경우 정복자가 피정복자의 토지와 신체에 대한 권리를 가진다는 것을 일단 인정해보자. 하지만 정부가 오래 지속된다 해도 그로부터 절대 권력 같은 게 생겨나지는 않는다. 피정복자의 후손들은 전부 자유인이므로, 정복자가 그들에게 토지와 재산을 주고 그 나라에 거주하는 것을 허용한 이상(국민이 없으면 나라도 없으므로), 그들의 재산은 어디까지나 그들의 것이다. 따라서 그것 역시 "당사자의 동의가 없으면 빼앗아갈 수 없다".

194 피정복자의 신체는 자연권에 의해 자유로우며, 재산도 많든 적든 정복자가 가지는 게 아니라 피정복자가 소유하고 마음대로 처분한다. 그렇지 않다면 그것은 재산이 아니다. 예를 들어 정복자가 한 사람에게는 토지 1000에이커를 주면서 상속자들에게 영구히 물려줄 수 있도록 하고, 다른 사람에는 같은 토지 1000에이커를, 매년 50파운드나 500파운드의 지대를 붙여 평생 동안 소유하게 했다고

하자. 그렇다면 한 사람은 1000에이커의 토지에 대해 영구소유권을 가진 것이고, 다른 사람은 지대를 납부하면서 평생 소유권을 가진 게 아닐까? 만약 평생 토지를 임대한 사람이 그 기간에 노력과 근면으로 지대의 두 배에 달하는 수확을 올렸다면 그 초과분은 당연히 그의 소유가 아닐까? 과연 왕이나 정복자는 토지를 하사한 뒤 정복의 권력으로 영구히 상속되는 토지를 빼앗거나, 평생토록 지대를 납부하는 사람에게서 토지를 빼앗을 수 있을까? 혹은 그 토지에서 산출된 재물이나 돈을 자기 마음대로 빼앗을 수 있을까? 만약 그럴 수 있다면, 세상의 모든 자유롭고 자발적인 계약은 효력을 잃고 무의미해질 것이다. 권력만 있으면 언제든 계약을 파기할 수 있게 되며, 권력자의 하사와 약속은 기만에 불과한 것이 될 터이다. "이것을 너에게 영구히 줄 것이며, 확실하고도 엄숙한 방식으로 교부하겠다. 그러나 소유권은 내가 가지므로 언제든 내 마음대로 네게서 빼앗을 수 있다." 이보다 더 터무니없는 말이 있을까?

195 군주가 국법의 적용을 받지 않는지에 관해서는 여기서 다루지 않겠다. 다만 한 가지 확실한 것은 군주도 신과 자연의 법에는 구속된다는 점이다. 어느 누구도, 어떤 권력자도 그 영원의 법에서 벗어나지는 못한다. 약속에 관한 한 그 법은 심원하고 강력하기 때문에 전능의 신조차도 그 법에 묶일 수 있다. 허가, 약속, 서약은 신에게도 효력을 미치는 구속이다. 아첨꾼들이 세속의 군주에게 뭐라고

말하든, 그들을 전부 합쳐도 위대한 신에 비하면 물통 속 물 한 방울과 같고 저울의 작은 티끌에 불과한 보잘것없는 존재다.

196 정복이라는 사건에 관해 요약해보자. 정당한 명분을 가진 정복자는 자신의 전쟁을 돕고 함께 싸운 사람들의 신체에 대해 전제 권력을 가지며, 그들의 노력과 재산으로 피해와 비용을 보상받을 권리도 가지지만, 그 밖의 다른 사람들의 권리는 침해하지 못한다. 전쟁에 동의하지 않은 사람이나 포로의 자식, 그리고 그들의 재산에 관해서는 아무런 권력도 행사하지 못한다. 정복의 대가로 그들에 대한 합법적 지배권을 가질 수는 없고 후손에게 물려줄 권리도 없다. 정복자가 그들의 재산을 빼앗으려 하면 공격자가 되어 그들과 전쟁 상태에 들어가는데, 그와 그의 후손들은 여기 영국에서 힝가르나 후바(9세기 바이킹이 남하할 때 영국을 침략한 덴마크의 형제: 옮긴이) 같은 덴마크인들보다 더 큰 지배권을 갖지 못한다. 스파르타쿠스가 이탈리아를 정복했더라면 가질 수 있었을 지배권에도 미치지 못한다. 그들이 지배하는 사람들은 언제든 신이 용기와 기회를 주기만 하면 곧바로 멍에를 떨쳐버릴 것이다. 일찍이 아시리아 왕들이 칼로써 유다 왕국을 지배하려 했을 때도 신은 히스기야를 도와 그 정복 제국의 지배에서 벗어나게 해주었다. "여호와께서 그와 함께 하시매 그가 어디로 가든지 형통하였더라 저가 앗수르(아시리아) 왕을 배반하고 섬기지 아니

하였고……."(〈열왕기하〉, 18장 7절) 그러므로 권리가 아닌 무력에 바탕을 둔 권력을 분쇄하는 것은 반란이라는 명칭을 얻을지라도 신에게 죄를 짓는 일이 아니다. 신은 오히려 그것을 허락하고 권장한다. 약속과 계약이라 해도 무력으로 강요하면 신은 그것을 방해한다. 아하즈와 히스기야의 이야기를 꼼꼼하게 읽어보면 알 수 있을 것이다. 아시리아 인들은 아하즈를 제압하고 폐위시킨 뒤 그가 살아 있는데도 아들 히스기야를 왕으로 앉혔으며, 히스기야는 합의에 의해 아버지에게 충성하고 내내 공물을 바쳤다.

찬탈에 관하여

197 정복을 외국의 찬탈이라고 부를 수 있는 것처럼 찬탈은 일종의 국내 정복이다. 차이가 있다면 찬탈자는 타인의 권리를 빼앗으므로 정당성을 가질 수 없다는 점이다. 어쨌든 찬탈이라고 하면 정부의 형태와 규칙이 달라지는 게 아니라 인물의 교체에 불과하다. 찬탈자가 자신의 권력을 국가의 적법한 군주나 통치자의 권리 이상으로 확대하면 그것은 찬탈을 넘어 전제가 된다.

198 모든 합법적 정부에서, 지배자의 임명은 정부를 형성하는 자연스럽고 필수 불가결한 과정에 속하며, 그 근거는 국민에게 있다. 정부 형태를 갖춘 모든 국가에서는 공권력을 담당할 사람을 지정하는 규칙과 권리를 그에게 양도하는 방법이 확립되어 있다. 그에 비해 무정부 상태는 정부 형태가 아예 없거나, 군주제에 합의하고서도 권력을

담당할 사람, 즉 군주를 발탁하는 방식을 지정하지 않은 상태를 가리킨다. 누구든 공동체의 법이 규정한 것과 다른 방식으로 권력을 행사하려 할 경우, 국가 형태는 그대로 유지된다 해도 복종을 받을 권리는 없다. 그는 법이 지정한 인물이 아니며, 따라서 국민이 동의한 인물이 아니기 때문이다. 또한 그런 찬탈자와 그의 후계자들은 국민이 찬탈된 권력을 자유 의사에 따라 동의하고 재가할 때까지 자격을 갖지 못한다.

전제에 관하여

199 찬탈이 타인의 권리를 빼앗아 권력을 행사하는 것이라면, 전제는 어느 누구의 권리를 빼앗는 게 아니라 아예 권리 자체를 넘어선 권력 행사를 가리킨다. 이 권력을 가진 사람은 그것을 이용해 피지배자의 이익을 도모하는 게 아니라 자신의 사적인 이익을 추구한다. 자격을 갖춘 통치자라 해도 법에 따르지 않으면 자신의 의지를 잣대로 삼게 마련이다. 그의 명령과 행동은 국민의 재산을 보호하려 하지 않고 자신의 야망, 복수심, 탐욕 혹은 기타 비정상적인 열정을 충족시키고자 한다.

200 혹시 이러한 견해가 나와 같은 한미한 국민의 손에서 나왔다는 이유로 진리나 이치라고 믿기 어렵다면, 왕의 권위를 빌려 말해보기로 하자. 제임스 1세는 1603년 의회 연설에서 이렇게 말했다.

나는 훌륭한 법규를 만들 때 반드시 나의 개인적이고 특수한 목적보다 국민과 국가 전체의 복리를 먼저 생각할 것입니다. 나는 늘 국가의 번영과 복리가 나의 가장 큰 복리이자 세속적인 행복이라고 생각합니다. 바로 이것이 적법한 왕과 전제군주가 뚜렷이 다른 점입니다. 올바른 왕과 무도한 전제군주의 가장 선명하고 중대한 차이는 여기에 있습니다. 오만하고 야심 찬 전제군주는 왕국과 국민이 자신의 욕망과 비합리적 탐욕을 충족시키기 위한 도구라고 생각하는 반면, 공명정대한 왕은 정반대로 자신이 국민의 복리와 재산을 획득하기 위한 도구라고 여깁니다.

또한 1609년의 의회 연설에서는 다음과 같이 말했다.

왕은 이중의 서약에 따라 왕국의 기본법을 준수할 의무를 지닙니다. 묵시적으로는 왕이라는 사실 자체로 국민과 왕국의 법을 보호해야 합니다. 명시적으로는 대관식에서 서약한 바에 따라, 안정된 왕국의 모든 정당한 왕이 그렇듯이 국민과 법으로 맺은 협약을 준수하고 그것에 부합하는 정부의 틀을 마련해야 합니다. 또한 '땅이 있을 동안에는 심음과 거둠과 추위와 더위와 여름과 겨울과 낮과 밤이 쉬지 아니하리라'는, 신께서 대홍수 이후 노아와 맺으신 협약에도 따라야 합니다. 그러므로 안정

된 왕국을 다스리는 왕은 법에 따른 통치를 포기하는 순
간 왕이 아니라 전제군주로 전락하는 것입니다.

연설은 잠시 후 이렇게 이어진다.

따라서 전제군주가 아니고 서약을 저버리지 않은 왕이
라면 기꺼이 법의 테두리 안에 머물 것입니다. 정반대로
행동하라고 설득하는 사람은 왕과 국가에 해로운 독사
나 해충 같은 자입니다.

이와 같이 사물의 개념을 잘 이해하는 현명한 왕은 왕과
전제군주의 차이를 안다. 왕은 법을 자기 권력의 한계로
삼고 공익을 정부의 목적으로 삼지만, 전제군주는 모든 사
람들을 자신의 의지와 욕망에 종속시킨다.

201 이런 결함이 군주제에만 있다고 생각하면 오산이
다. 다른 정부 형태들도 마찬가지가 되기 쉽다. 국민을 다
스리고 재산을 보호하기 위해 위임된 권력이 다른 목적에
사용된다면, 즉 전횡적이고 부정한 명령으로 국민을 빈곤
하게 만들고, 괴롭히고, 복속시키는 데 사용된다면, 그것
이 바로 전제정치다. 물론 그런 사람은 한 명일 수도 있고
여러 명일 수도 있다. 문헌에 따르면 아테네에는 그런 전
제군주가 서른 명이나 되었고 시라쿠사에는 한 명이 있었
다. 로마 데켐비리decemviri(고대 로마를 다스리던 10인 위원회:

옮긴이)의 학정도 전혀 나을 게 없었다.

202 법이 끝나는 곳에서 법의 위반이 타인에게 피해를 주면 전제가 시작된다. 권력자가 법에 정해진 권한을 넘어 법이 허용하지 않는 일을 무력으로 백성들에게 강요하면 그는 더 이상 위정자가 아니다. 권한이 없이 행동하면 힘으로 타인의 권리를 침해하는 여타의 사람처럼 반대에 맞닥뜨리게 된다. 이는 하급 관리의 경우에서 흔히 볼 수 있다. 거리에서 내 신체를 속박할 수 있는 권한을 가진 관리라고 해도 만약 내 집으로 쳐들어와 영장을 집행하려 한다면, 나는 그가 나를 체포해 데려갈 수 있는 증서와 법적 권한을 가졌다는 것을 알지만 그럼에도 불구하고 그를 도둑이나 강도로 여기고 저항할 수 있다. 이것이 최하급 관리의 경우처럼 최상급 관리에게도 통용되지 않을 이유가 어디 있는가? 누가 그 이유를 말해준다면 기꺼이 듣고 싶다. 가문의 맏이가 아버지의 재산을 가장 많이 가졌다는 이유로 동생의 몫마저 빼앗을 권리를 가진다면 그게 과연 합리적인 것일까? 혹은 한 지역을 송두리째 소유한 부자가 가난한 이웃의 오두막과 채마밭마저 마음대로 차지할 권리를 가진다면 온당한 일일까? 여느 아담의 자손들보다 훨씬 더 큰 권력과 부를 정당하게 소유했다는 사실은 강탈과 억압으로 아무런 권한 없이 타인을 침해하는 행위의 변명이 되지 못하며 이유는 더더욱 되지 못한다. 오히려 더 큰 문제를 일으킬 따름이다. 권한의 범위를 확장하는 것은 상급

관리의 권리도 아니고 하급 관리의 권리와도 무관하다. 국왕이든 경관이든 똑같이 정당화될 수 없는 일이다. 더구나 막강한 권력을 위탁받아 이미 다른 사람들보다 훨씬 더 큰 몫을 소유하고 교육과 직위상의 이점에다 주변의 자문까지 얻을 수 있는 위치에 있어 옳고 그름을 더 잘 아는 사람이 그럴 수는 없는 노릇이다.

203 "그렇다면 군주의 명령을 어떻게 반대할 수 있을까? 군주에게서 학대를 당한 사람이 군주에게 그럴 권리가 없다고 여길 때는 언제든 저항할 수 있다는 것일까? 그러면 결국 정치가 유린되고 전복될 것이며, 통치 질서 대신 무정부 상태와 혼란만 남을 것이다."

204 이에 대해 나는 이렇게 대답한다. 무력에 반대한다는 것은 곧 부정하고 불법적인 무력에 반대한다는 뜻이다. 다른 경우에 반대를 제기한다면 신과 인간의 양편에게서 모두 정당한 비난을 받을 것이다. 그러므로 흔히 염려하는 그런 위험이나 혼란은 따르지 않을 것이다. 그 이유는 다음과 같다.

205 첫째, 일부 나라들에서 군주는 법으로 신성시된다. 어떤 명령을 내리고 어떻게 행동하든 군주는 일체의 의문이나 폭력에서 자유롭다. 무력 행사를 당하지도 않으며, 사법적 견책이나 판결도 받지 않는다. 그러나 여기에는 예외가 있다. 하급 관리나 기타 군주가 임명한 사람들이 저지르는 불법 행위에 대해서는 반대가 가능하다. 또한 군주

가 국민과 전쟁 상태에 들어가거나, 정부를 해산하고 자연 상태에서처럼 각자 자신을 방어하게 놔두는 일은 없어야 한다. 그런 일이 생긴다면 그 결과를 누가 장담하겠는가? 이웃 왕국은 기묘한 사례를 온 세상에 보여준 바 있다. 다른 모든 경우 군주는 신성한 존재이므로 온갖 불편이 면제되며, 정부가 존속하는 한 일체의 폭력과 위해로부터 안전하다. 그보다 더 현명한 제도는 있을 수 없다. 군주가 직접 가할 수 있는 위해는 자주 일어나지 않고 그다지 멀리 확장되지도 않는다. 군주 혼자만의 힘으로는 법을 뒤집어엎을 수 없고 국민 전체를 억누를 수도 없다. 설령 우둔하고 못된 군주가 그렇게 하려 한다 해도, 분별없는 군주가 왕위에 올라 다소 해악이 빚어진다 해도, 최고 위정자에게 위험이 미치지 않게 함으로써 공공의 평화와 정부의 안정이 유지된다면 그런 폐단쯤은 충분히 상쇄된다. 전체를 위해서는, 간혹 몇몇 개인들이 위험에 처한다 해도 국가의 수반이 쉽게 위험에 노출되는 것보다는 더 안전하다.

206 둘째, 이 특권은 왕 개인에게만 주어진다. 그러므로 만약 누가 왕에게서 위임받았다고 주장하면서 법이 금하는 부당한 무력을 사용한다면, 그것에 대해서는 의문시하고 반대하고 저항해도 무방하다. 예를 들어 왕이 발부한 체포 영장을 가졌고 왕에게서 전권을 위임받은 사람이 있다고 해보자. 그래도 그는 개인의 집을 부수고 처들어갈 수는 없으며, 어떤 날이나 어떤 장소에서는 왕의 명령

을 집행할 수 없는 경우도 있다. 왕의 명령에는 그런 예외 사항이 없지만, 그것은 법 자체의 제한에서 비롯되는 것이 므로 왕의 명령을 받은 사람이라 해도 따를 수밖에 없다. 왕의 권력은 오로지 법에 의해서 주어진 것이므로 왕은 누 구에게도 법에 어긋나게 행동할 권력을 내줄 수 없고 왕 의 명령으로 그를 정당화할 수도 없다. 해당 권한이 없으 면 위정자의 위임이나 명령도 보통 사람의 것처럼 무효이 고 무의미하다. 차이가 있다면 위정자는 특정한 목적에 관 해 어느 정도 권한을 가지는 데 비해 보통 사람은 아예 권 한이 없다는 점이다. 행동의 권리를 부여하는 것은 명령 이 아니라 권한이며, 법에 어긋나면 권한이 있을 수 없다. 하지만 그런 저항이 있다 해도 왕의 신상과 권한은 안전하 며, 따라서 통치자나 정부도 위험하지 않다.

207 셋째, 최고 위정자가 신성하게 여겨지지 않는 정부 를 가정해보자. 이 경우에도 불법적인 권력 행사에 저항 하는 것이 합법적이라는 원칙은 결코 그를 위험하게 하지 않으며, 정부를 혼란에 빠뜨리지 않는다. 위해를 당한 측 이 법에 호소해 구제받을 수 있고 피해를 보상받을 수 있 다면, 무력에 의지할 명분이 있을 수 없다. 무력은 법에 호 소할 길이 차단되었을 때나 사용하는 것이다. 법에 호소할 방책이 없는 경우에만 적대적 무력이 행사된다. 적대적 무 력은 전쟁 상태를 초래하며, 그것에 대한 저항을 합법화한 다. 예를 들어 강도가 칼을 들고 도로에서 내 지갑을 요구

하는데, 나는 주머니에 12펜스도 없다고 하자. 그럴 때 나는 합법적으로 그를 죽일 수 있다. 내가 마차에서 잠시 내렸을 때 어떤 사람에게 100파운드를 맡겼다고 하자. 마차에 다시 올라 돈을 달라고 하니 그가 거절한다. 내가 돈을 빼앗으려 하자 그는 칼을 꺼내 무력으로 돈을 지키려 한다. 그가 내게 가한 위해는 앞에서 말한 강도가 내게 가하려 했던 위해보다 100배, 아니 1000배나 더 크다(물론 그는 내게 위해를 가하기 전에 내 손에 죽었겠지만). 그러나 도로에서 나를 위협한 강도의 경우에는 그를 죽인다 해도 합법적인 일이지만, 후자의 사람은 다치게만 해도 불법이다. 그 이유는 명백하다. 강도는 내 생명을 위협하는 무력을 사용했기 때문에 나는 법에 호소해 생명을 지킬 여유가 없었다. 생명을 잃는다면 법에 호소하기란 이미 늦다. 법은 내 시신에 생명을 되돌려줄 수 없으므로 생명의 상실은 돌이킬 수 없다. 그런 사태를 방지하기 위해 자연법은 전쟁 상태를 초래하고 나의 파괴를 위협한 그를 죽일 권리를 내게 준 것이다. 하지만 후자의 경우는 내 생명이 위험에 처한 게 아니다. 나는 법에 호소해 100파운드를 배상받을 수 있기 때문이다.

208 넷째, 위정자의 불법 행위가 그의 권력으로 인해 지속되고 법에 의한 해결책이 바로 그 권력으로 인해 저해될 경우, 그런 명백한 폭압적 상태에서도 저항의 권리가 돌연히 정부를 혼란으로 몰아가는 일은 결코 벌어지지 않

는다. 그것은 어디까지나 개인의 문제에 국한되므로 설령 개인이 스스로를 방어할 권리, 불법 무력이 빼앗아간 것을 무력으로 되찾는 권리를 가진다 해도 쉽게 파멸을 초래하는 다툼으로 비화하지는 않는다. 국민 전체가 관심을 두지 않는 상황에서 억압당한 사람들 몇몇이 정부를 뒤집어엎기란 불가능하다. 광인이나 불평분자가 안정된 국가를 타도할 수 없는 것과 같다. 국민 전체는 그런 경우에 쉽게 부화뇌동하지 않는다.

209 하지만 이 불법 행위가 국민 대다수에게까지 연장된다면 어떨까? 혹은 위해와 억압은 소수에게만 가해지지만 선례와 결과에서 보듯이 모두를 위협할 가능성이 있다면 어떨까? 국민이 법, 재산, 자유, 생명, 나아가 종교까지 위험해질 수 있다고 확신하게 되면 어떨까? 그럴 경우 불법으로 자행되는 무력에 대한 저항을 어떻게 막을 수 있겠는가? 이것은 모든 정부에 따르는 폐단인데, 이때 통치자는 국민 전체의 의심을 받게 된다. 통치자가 처할 수 있는 가장 위험한 상태다. 더구나 피하려 한다면 아주 쉽게 피할 수 있는 상태이기 때문에 동정을 받을 여지도 적다. 통치자가 진정으로 국민의 이익을 도모하고 국민과 법을 보호하려 한다면 당연히 국민이 그것을 알고 느끼지 않을 수 없다. 이는 한 집안의 가장이 자식들을 사랑하고 돌보는 것을 자식들이 당연히 아는 것과 마찬가지다.

210 그러나 군주의 말과 행동이 다르다는 것을 온 세상

이 안다면 어떨까? 법망을 피하기 위해 온갖 술책을 구사하고, 위탁된 왕권(어떤 사안에 관해 국민에게 위해를 가하는 게 아니라 이익을 도모하기 위해 군주의 손에 맡겨진 전횡적 권력)을 애초의 목적에 어긋나게 사용한다는 것을 안다면 어떨까? 또한 각료와 하급 관리들이 부정한 목적에 맞도록 발탁되고, 그것을 촉진하느냐 방해하느냐에 따라 총애를 받거나 파면된다는 것을 국민이 알게 된다면 어떨까? 전횡적인 권력이 여러 가지 방식으로 행사되고, (공개적으로는 반대하면서도) 권력에 써먹기에 딱 맞는 종교가 은밀하게 지원을 보내고, 거기에 온갖 모사꾼과 사기꾼이 동원되어 암약하고, 국왕 자문 기구의 활동도 바로 그런 식으로 이루어진다는 것을 국민이 안다면 어떨까? 그렇다면 사태가 어떻게 흘러가는지 생각하지 못할 사람이 어디 있겠는가? 누구라도 자기가 탄 배의 선장을 믿기보다 자구책을 찾으려 할 것이다. 반대로, 선장이 역풍과 누수에도 아랑곳하지 않고 배를 굳건히 알제(알제리의 수도: 옮긴이) 방향으로 몰아간다면, 그래서 인력과 보급품의 부족으로 이따금 항로를 잠시 이탈한다 해도 순풍이 불거나 기타 여건이 허용할 때 곧바로 항로를 되찾는다면, 선원들은 선장을 충직하게 따를 것이다.

정부의 해체에 관하여

211 정부의 해체를 명확하게 말하려는 사람은 먼저 사회의 해체와 정부의 해체가 어떻게 다른지 알아야 한다. 공동체를 형성해 사람들을 느슨한 자연 상태에서 정치사회로 끌어들이는 것은 바로 계약이다. 이것을 바탕으로 모든 사람이 통합을 이루어 한 몸처럼 행동하고 단일한 국가를 구성하는 것이다. 이와 같은 결합이 해체되는 통상적이면서도 거의 유일한 경우는 외국이 무력으로 침략해 정복하는 것뿐이다. 그 경우 전체적이고 독자적인 실체가 불가능해지므로 결합이 끊어질 수밖에 없으며, 모든 사람은 예전처럼 자유로운 상태가 되어 적합하다고 생각할 때 자신의 안전을 도모하기 위해 다른 사회를 이룬다. 사회가 해체되면 당연히 그 사회의 정부도 유지될 수 없다. 정복자의 칼은 정부를 뿌리까지 잘라버리고 사회를 난도질해, 정복되

고 분산된 군중에게서 사회의 보호와 의존을 단절시킨다. 세상 사람들은 이런 식으로 정부가 해체되는 것을 잘 알고 있으며, 나아가 선뜻 용인한다. 이 점에 관해서는 더 말할 필요가 없다. 사회가 해체될 때 정부도 유지될 수 없다는 사실은 증명할 필요조차 없다. 회오리가 몰아닥쳐 가옥을 이루는 자재가 산산이 날아가버리거나 지진으로 무너져버리면 가옥의 골조도 버틸 수 없는 것과 마찬가지다.

212 이런 바깥에서의 전복 이외에 정부는 안에서 해체되기도 한다.

첫째, 입법기구가 변경된 경우다. 시민사회는 거기에 속한 사람들의 평화 상태를 가리킨다. 입법기구는 중재를 통해 전쟁 상태를 방지하고 사람들 사이에 생겨날 수 있는 모든 차이를 해소한다. 입법기구는 국가 구성원들을 단결시키고 응집력 있는 하나의 살아 있는 전체로 단합시킨다. 그런 점에서 입법기구는 국가에 형태, 생명, 통일성을 부여하는 영혼과 같다. 그것을 통해 구성원들은 서로 영향을 주고, 공감하고, 일체감을 느낀다. 그러므로 입법기구가 파괴되거나 해체되면 해체와 죽음이 따른다. 사회의 본질과 통합을 위해서는 단일한 의지가 필요한데, 다수에 의해 수립된 입법기구는 그 의지를 천명하고 엄수한다. 입법기구의 창설은 사회의 첫째로 중요한 행위이며, 사람들의 통합이 지속되기 위한 기반이다. 입법기구는 국민의 동의와 임명에 의해 권한을 위임받은 사람들이 법에 따라 운영

한다. 입법기구를 통하지 않고는 누구도 다른 사람들을 구속할 수 있는 법을 제정할 권한을 가지지 못한다. 국민이 임명하지 않은 사람이 입법기구를 장악하고 법을 만든다면, 그 법은 무효이므로 국민은 그 법에 복종하지 않아도 된다. 따라서 국민은 종속 상태에서 벗어나 최선이라고 여기는 새 입법기구를 독자적으로 구성할 수 있으며, 권한도 없이 무엇이든 강요하는 사람들의 무력에 저항할 완전한 자유를 가진다. 사회의 위임으로 공공 의지를 천명하는 사람들이 축출되고 권한이나 위임을 받지 않은 사람들이 입법기구를 찬탈할 경우에는 누구나 자신의 의지대로 처신할 자유가 있다.

213 이런 사태의 원인은 수중의 권력을 남용하는 사람들이 있기 때문이다. 그 문제를 올바르게 고찰하고 누구의 책임인지 밝히려면 그 사태가 벌어지는 정부 형태를 알아야 한다. 입법권이 다음과 같은 서로 다른 세 기구의 협력으로 행사된다고 가정해보자.

첫째, 한 사람의 권력 세습자. 최고의 집행권을 상시적으로 보유하며, 그 권력으로 정해진 기간 동안 다른 두 기구를 소집하고 해산할 수 있다.

둘째, 세습 귀족의 의회.

셋째, 국민에 의해 임기제로 선출된 대표들의 의회.

이런 정부 형태에서는 다음과 같은 결과를 예측할 수 있다.

214 첫째, 권력 세습자, 즉 군주가 입법기구에 의해 표방되는 사회의 의지인 법 대신 자신의 전횡적인 의지를 앞세울 경우에는 입법기구가 변경된다. 입법기구는 규칙과 법을 집행하고 복종을 요구하는 기관인데, 사회에 의해 구성된 입법기구가 법제화한 것과는 다른 법과 규칙이 만들어지고 집행된다면 입법기구는 명백히 변경된 것이다. 기본적으로 사회의 임명에 의해 권한을 얻지 않은 사람이 새 법을 도입하거나 낡은 법을 파기한다면, 지금까지 법이 만들어진 권력을 거부하고 전복하는 행위이므로 새 입법기구를 수립한 것이라고 볼 수 있다.

215 둘째, 입법기구가 구성된 목적에 따라 적당한 시기에 모여 자유롭게 행동하는 것을 군주가 저해한다면, 입법기구가 변경된 것이다. 입법기구가 사회의 이익을 위해 충분히 토론할 자유와 여유를 가지지 못한다면, 아무리 정해진 구성원이 모임을 가진다 해도 입법기구가 존재한다고 볼 수는 없다. 그런 자유와 여유를 빼앗기거나 변형되고 사회에서 입법권의 정당한 실행이 박탈된다면, 입법기구는 확실히 변경된 것이다. 정부를 구성하는 것은 관련된 인물들이 아니라 정부에 수반된 권력의 사용과 실행이기 때문이다. 그러므로 입법기구의 자유를 빼앗거나 정당한 활동을 저해하는 자는 사실상 입법기구를 빼앗고 정부를 해체한 셈이 된다.

216 셋째, 군주가 전횡적 권력을 통해 국민의 동의 없이

국민 공통의 이해관계를 거스르고 선거인이나 선거 방식을 변경시킨다면, 이것도 역시 입법기구가 변경된 것이다. 사회의 위임을 받지 않은 사람이 사회가 규정하지 않은 방식을 선택한다면, 그 선택 결과는 국민이 임명한 입법기구와 무관하다.

217 넷째, 군주나 입법기구가 국민을 외국의 권력에 종속시키는 것은 확실히 입법기구의 변경이며, 따라서 정부의 해체다. 국민이 사회를 구성한 목적은 온전하고 자유롭고 자주적인 사회의 유지와 자체의 법에 의한 통치에 있는데, 국민을 외국에 넘겨준다면 그 목적은 사라진 것이다.

218 그런 체제에서는 정부 해체의 책임을 군주에게 물어야 하는 이유가 분명하다. 군주는 무력과 재원, 부릴 수 있는 관리를 가진 데다 최고 위정자로서 어느 누구의 통제도 받지 않는다는 것을 스스로도 확신하고 주변 사람들도 그렇게 말하기 때문이다. 오직 군주만이 합법적 권위를 내세워 그런 변화를 시도할 수 있으며, 반대자를 파벌주의자, 선동가, 정부의 적으로 규정하고 탄압할 수 있는 권력도 가지고 있다. 입법기구의 다른 부분(군주와 독립적인 의회를 가리킨다: 옮긴이)이나 국민이 독자적으로 입법기구의 변경을 시도한다면, 충분히 눈에 띌 만큼 노골적이고 가시적인 반란이 된다. 이럴 경우 설령 반란이 성공한다 해도 외국의 정복과 거의 다르지 않은 결과를 낳는다. 게다가 그런 정부 형태의 군주는 입법기구의 다른 부분을 해체하고

의원들을 평민으로 만들 수 있는 권력을 가졌으므로 의원들은 군주에게 반기를 들 수 없으며, 군주의 동의를 얻지 못하면 법으로 입법기구를 변경할 수도 없다. 그들이 제정한 법령 자체가 군주의 동의 없이는 효력을 가지지 못하기 때문이다. 하지만 입법기구의 다른 부분이 정부를 공격하는 데 관여할 경우, 혹은 그런 계획을 선동하거나, 저지할 수 있음에도 저지하지 않을 경우에는 그들도 책임이 있으며, 그에 동참한 것이나 다름없다. 그것은 인간이 서로에게 저지를 수 있는 가장 중한 범죄다.

219 그런 정부가 해체되는 방식은 한 가지가 더 있다. 최고 집행권을 가진 사람이 의무를 등한시하고 방기한 탓에 기존의 법이 집행되지 않는 경우다. 이는 모든 것을 확실하게 무정부 상태로 만들며, 따라서 결과적으로 정부를 해체한다. 법은 그저 존재하기 위한 게 아니라 집행됨으로써 사회를 결합시켜 정치기구의 모든 부분이 제자리에서 제 기능을 하도록 해주는 것이다. 그것이 완전히 중단되면 정부도 기능하지 못하며, 국민은 질서와 통합성을 잃고 혼란에 빠진다. 인간의 권리를 지켜주는 법의 지배가 중단되면, 공동체 내에 무력을 지휘하거나 공공의 필요성을 채워주는 권력이 사라지고 정부는 확실히 실종된다. 법이 집행되지 않는 곳은 법이 존재하지 않는 곳과 다를 바 없다. 법이 없는 정부란 내가 보기에 인간의 능력으로 이해할 수 없고 인간 사회와 조화되지 않는 정치의 불가사의다.

220 이런 경우 정부가 해체되면 국민은 스스로 대비할 자유를 가진다. 자신들의 안전과 이익에 가장 적합하다고 여기는 데 따라 인물에서나 형태에서나, 혹은 둘 다에서나 종전과 다른 새 입법기구를 수립할 수 있다. 군주가 잘못했다고 해서 사회가 자체를 보호하는 본래의 권리를 잃는 것은 아니다. 하지만 이를 위해서는 안정된 입법기구가 필요하며, 이 입법기구가 법을 공정하고 공평하게 집행해야 한다. 그런 방책을 사용하지 못할 만큼 인류의 상태가 비참하지는 않으며, 찾을 수 없을 만큼 시간이 늦은 것도 아니다. 종전의 입법기구가 억압이나 술책으로, 혹은 외국 세력에 넘겨짐으로써 사라졌다 해도 국민이 새로 만들면 되지 않으냐고 말하는 것은 병을 고칠 시간이 지난 뒤에 치료책을 기대하라고 말하는 것과 같다. 또는 국민에게 먼저 노예가 되었다가 나중에 자유를 되찾으라거나, 사슬로 묶어놓고서 자유로운 것처럼 행동하라고 말하는 것과 다를 바 없다. 그렇다면 위안을 주기보다는 조롱하는 것에 가깝다. 전제 아래 완전히 갇혀 있는 동안 거기서 탈출할 수단이 없다면 결국 전제에서 벗어나지 못한다. 그러므로 인간에게는 전제에서 벗어날 권리만이 아니라 전제를 방지할 권리도 있다.

221 그래서 정부가 해체되는 또 다른 방법이 있는 것이다. 바로 입법기구와 군주 둘 중 하나가 위탁받은 책무에 어긋나게 행동하는 경우다.

첫째, 입법기구가 위탁받은 책무에 어긋나게 행동하는 것은 국민의 재산을 침탈하고, 스스로 혹은 공동체의 한 부분을 국민의 생명, 자유, 재산의 전제적인 주인으로 만들려 할 경우다.

222 인간이 사회를 형성한 이유는 자신의 재산을 보호하려는 데 있다. 또한 입법기구를 발탁하고 권한을 위임한 목적은 법을 만들고 규칙을 정해 사회 모든 구성원의 재산을 지키고, 사회 각 부분과 구성원의 권력을 제한하고, 지배권을 적절히 조절하기 위해서다. 모든 사람이 사회를 이루어 지키고자 했던 것(더구나 이것을 위해 국민은 스스로 임명한 입법자들에게 자발적으로 복종한다)을 파괴하는 권력을 입법기구가 소유한다는 것은 사회의 의지와 전혀 무관하다. 입법자들이 국민의 재산을 빼앗고 파괴하려 하거나 국민을 전횡적 권력에 예속시키려 하면, 그것은 곧 국민과의 전쟁 상태에 들어가는 것이다. 그럴 경우 국민은 더 이상 복종할 의무가 면제되며, 신이 무력과 폭력에 대비해 마련해준 공동의 피난처로 가게 된다. 입법기구가 사회의 기본 규칙을 위반하고 야망, 공포, 어리석음, 부패에 물들어 국민의 생명, 자유, 재산을 지배하는 절대 권력을 직접 장악하려 하거나 그것을 남에게 넘겨주려 하면, 권력의 위탁이 중단되어 국민이 정반대의 목적에서 부여했던 권력을 잃게 되며, 그 권력은 다시 국민에게 귀속된다. 그러면 국민은 원래의 자유를 되찾고, (적당하다고 생각하는) 새 입법기구를

수립함으로써 그들이 사회에 들어간 목적인 보호와 안전을 도모할 수 있다. 여기서 내가 입법기구 전반에 관해 말한 것은 최고 집행권자에게도 해당한다. 그는 입법기구와 법의 최고 집행에 둘 다 관여한다는 점에서 이중의 위탁을 받고 있는데, 자신의 전횡적인 의지를 사회의 법으로 관철시키려 하면 둘 다 저버리게 된다. 또한 무력, 재력, 직위로 의원들을 매수해 자신의 목적을 달성하는 데 이용하거나, 노골적으로 유권자를 회유해 탄원, 협박, 약속 같은 것으로 자신의 계획에 연루된 사람들을 선택하게 하고 그들을 이용해 사전에 어떤 표결을 하고 어떤 법을 제정할지 약속하는 것도 위탁을 저버리는 행위다. 이와 같이 후보와 유권자를 장악하고 새로운 선거 방식을 도입한다면, 정부를 뿌리째 잘라버리고 공공 안전의 샘물에 독을 타는 것과 무엇이 다르겠는가? 국민은 재산을 지키는 수단으로 대표 선택권이 있다. 따라서 대표들은 언제나 자유로이 선택되며, 조사와 신중한 논의를 거쳐 국가와 공익에 필요하다고 판단하면 자유로이 행동하고 조언해야 한다. 하지만 논의에 참여하기도 전에, 여러 가지 측면에서 사안을 고찰하지도 않고 표결해버리는 사람은 그렇게 할 수 없는 것이다. 이런 의회를 지원하고 자신의 의지를 선동하는 자를 국민의 참된 대표, 사회의 입법자로 삼는다면 틀림없이 신뢰를 크게 잃을 것이며, 정부의 전복을 표방하는 것이나 다름없다. 더욱이 바로 그런 목적을 겨냥한 게 분명한 상벌 제도를 도입하고, 계획에 방해가 되거나 조국의 자유를 저버리는 데 응하지 않는 사람들을 모조리 제거하고 파괴하기 위해 법으로 위장된 온갖 술책을 구사한다면, 사태가 어떻게 될지는 뻔하다. 이렇게 권력이 처음 위탁될 때부터 있었던 약속을 어기는 자가 사회에서 어떤 권력을 가져야 하는지는 쉽게 판단할 수 있다. 그런 일을 시도한 자에게 더 이상 권력을 위탁할 수 없다는 것은 너무도 명백하다.

223 이에 관해 다음과 같은 반론이 제기될 수 있다. 국민은 무지하고 늘 불만에 차 있으므로 그들의 취약한 견해와 변덕에 기반을 둔 정부는 결국 파멸에 이를 수밖에 없다. 국민이 언제든 기존의 입법기구에 불만을 품고 새 입법기구를 수립할 수 있다면 어떤 정부도 오래 지속할 수 없지 않겠느냐는 것이다. 하지만 내 생각은 정반대다. 일부의 주장과는 달리 국민은 그리 쉽게 옛 체제를 버리지 않는다. 이미 익숙해진 체제에서 허물이 발견된다 해도 선뜻 고치려 하지 않는다. 원래부터 있었던 결함은 물론이고 시간이 지나면서 우연히 혹은 부패로 인해 생겨난 결함도 바꾸기란 결코 쉬운 일이 아니다. 심지어 바로잡을 기회가 있다 해도 마찬가지다. 이렇게 사람들이 기존의 제도를 쉽게 포기하지 않으려 하는 성향은 이 나라에서 현대나 과거에 발생했던 여러 혁명에서 볼 수 있으며, 지금도 크게 다르지 않다. 몇 차례 헛된 시도가 되풀이되다가 결국 종전과 같은 왕, 영주, 평민의 입법기구로 돌아가곤 했다. 이따

금 국왕의 머리에서 왕관을 벗기는 사태도 있었지만, 국민이 다른 왕가를 선택할 정도까지 이르지는 못했다.

224 하지만 그런 가설이 바로 잦은 반란을 유발하지 않느냐는 반론도 있을 수 있다. 내 대답은 다음과 같다.

첫째, 그것은 여느 가설과 다를 바 없다. 국민이 비참해지고 전횡적인 권력의 남용에 시달린다는 것을 깨닫는다면, 아무리 지배자가 유피테르의 후손이며, 하늘의 혈통을 이어받고 승인을 얻은 신성한 인물이라고 소리 높여 외친다 해도, 또는 그 밖의 어떤 존재라고 주장한다 해도 결과는 마찬가지다. 전반적으로 학대와 부정에 시달리는 국민은 어떻게 해서든 자신들을 짓누르는 억압에서 벗어나려 할 것이다. 그들은 늘 그 기회를 바라고 찾을 것이다. 인간사는 원래 변하기 쉽고 취약하고 우연적이므로 머잖아 그 기회는 오게 마련이다. 생전에 그런 사례를 보지 못했다면 이 세상에 오래 살지 못한 사람임에 틀림없다. 또한 세상에 존재하는 온갖 정부들에서 그 사례를 보지 못했다면 견문이 적은 사람임에 틀림없다.

225 둘째, 그런 혁명은 공적 사안을 조금 잘못 처리한다고 해서 매번 일어나는 것은 아니다. 지배 집단이 큰 잘못을 저질렀거나, 여러 가지 부정하고 불편한 법이 있다거나, 인간의 약점으로 인해 과실이 발생했다고 해서 국민이 폭동을 일으키거나 불평을 토로하지는 않는다. 하지만 학대, 거짓, 책략이 오랜 기간 난무하고 지배자의 음모가 국

민의 눈에 뚜렷이 드러나면, 국민은 무엇이 자신들을 억압하는지, 자신들이 지금 어디로 가는지 깨닫지 않을 수 없다. 결국 국민은 분연히 들고 일어나 지배권을 장악하고 정부가 애초에 수립된 목적을 되찾으려 할 것이다. 그렇게 하지 못하면 고대의 위인도, 허울 좋은 체제도 자연 상태나 완전한 무정부 상태보다 낫기는커녕 훨씬 더 못하다고 여길 것이다. 이리하여 폐해는 점점 커지고 가까워지는 반면 해결책은 점점 더 멀어지고 어려워진다.

226 셋째, 입법자들이 국민의 재산을 침해함으로써 신뢰에 어긋나게 행동했을 때 국민이 새 입법기구를 수립해 안전을 도모하는 권력을 가진다는 이론은 반란을 방지하는 최선의 방책이자 가장 현실적인 수단이다. 반란이란 인물을 반대하는 게 아니라 정부의 제도와 법에 의거한 권력에 반대하는 것을 뜻한다. 누구든 무력으로 그 권력을 부수려 하고 자신의 그런 행동을 정당화한다면 그것은 반란이라 불러 마땅하다. 인간은 사회와 시민정부에 들어감으로써 무력을 배제하고 상호 간의 재산, 평화, 통합성을 보존하기 위해 법을 도입했다. 그 법에 반대해 무력을 동원하는 자는 레벨라레rebellare('다시 전쟁을 한다'는 뜻의 라틴어로 rebel의 어원이다: 옮긴이), 즉 다시 전쟁 상태로 돌아가려는 것이므로 말 그대로 반역자다. 권력을 장악한 사람은 자신의 권위를 내세우려는 의도, 수중의 무력을 행사하고픈 유혹, 주변의 아첨 등에 의해 반란을 일으키기 쉽다. 그런 해

악을 방지하는 최선의 방책은 가장 큰 유혹을 느끼는 사람들에게 반란의 위험과 불의를 보여주는 것이다.

227 앞에서 말한 두 경우, 즉 입법기구가 변경되거나 입법자들이 애초의 목적에 어긋나게 행동한다면 그 당사자는 반란을 저지른 것이다. 누구든 무력으로 기존의 입법기구를 전복시키거나 입법기구가 위탁에 따라 제정한 법을 훼손한다면, 그것은 곧 모든 분쟁을 평화롭게 판결하고 전쟁 상태를 방지하기 위해 모두가 동의한 중재권을 파괴한 것이 된다. 입법기구를 제거하거나 변경시킨 사람은 국민의 임명과 동의가 없이는 아무도 가질 수 없는 그 판결권을 박탈한 것이며, 국민만이 수립할 수 있는 권력을 파괴하고 그 대신 국민이 허가하지 않은 권력을 도입한 것이다. 그 결과 전쟁 상태, 즉 권한 없는 무력의 상태가 생겨난다. 국민은 사회가 설립한 입법기구의 결정을 마치 자신의 결정인 것처럼 받아들이고 그것을 중심으로 통합한다. 그러므로 입법기구가 해체되면 통합이 사라지고 국민은 다시금 전쟁 상태에 처하게 된다. 무력으로 입법기구를 제거한 자가 반역자라면, 앞에서 보았듯이 입법자들도 그렇게 간주된다. 국민의 자유와 재산을 보호하기 위해 임명된 자들이 오히려 그것을 무력으로 침탈하고 박탈하려 한다면, 그것은 곧 그들을 평화의 보호자이자 수호자로 만들어준 사람들과 전쟁 상태에 들어가는 것이며, 그들은 최악의 레벨란테스rebellantes, 즉 반역자가 된다.

228 "그런 이론이 바로 반란의 근거가 된다"고 말하는 사람들도 있다. 이들은 국민의 자유나 재산을 부당하게 침해하려는 행위가 있을 때 국민에게 복종의 의무가 면제되거나, 위정자가 위탁을 어기고 국민의 재산을 침탈할 때 국민이 불법의 폭력에 반대하는 게 허용된다면, 내전이나 내란이 발생할 것이라고 본다. 그러므로 그 이론은 용납되지 않으며, 세계 평화를 저해한다는 것이다. 하지만 그것은 강도나 해적에 맞서 싸우면 혼란이나 유혈 사태가 초래될지 모르니 그대로 당해야 한다는 논리와 다를 바 없다. 어떤 위해가 가해질 경우 그 책임은 자신의 권리를 방어하는 사람이 아니라 이웃을 침탈하는 사람에게 물어야 한다. 만약 평화를 위한다는 명분 때문에 정직하고 무고한 사람이 폭력을 행하는 사람에게 자기가 가진 것을 모조리 내주어야 한다면, 이 세상에 대체 어떤 평화가 있을 수 있겠는가? 오로지 폭력과 약탈만 횡행할 테고, 강도와 압제자를 위한 세상이 될 게 뻔하다. 양이 아무런 저항도 하지 못하고 난폭한 늑대에게 목을 물어뜯긴다면, 누가 그것을 강자와 약자 간의 바람직스러운 평화라고 생각하겠는가? 폴리페모스(동굴에서 양을 기르는 그리스 신화의 외눈박이 거인: 옮긴이)의 동굴은 우리에게 그런 평화가 어떤 것인지 잘 보여준다. 그곳에서 오디세우스와 그의 동료들은 꼼짝도 하지 못하고 그저 잡아먹히기만을 기다릴 수밖에 없었다. 신중한 오디세우스는 동료들에게 수동적인 복종을 권유했다. 인

간에게 평화가 얼마나 중요한지 역설하고, 지금 그들을 지배하는 폴리페모스에게 저항한다면 어떤 사태가 발생할지 말해주었다.

229 정부의 목적은 인간의 이익에 있다. 그렇다면 인간은 그칠 줄 모르는 전제의 의지에 언제까지나 당해야만 할까? 아니면 지배자가 과도하게 권력을 남용해 국민의 재산을 보호하지 않고 파괴하려 할 경우 이따금 피억압자에게 책임을 져야 할까? 둘 중 인간에게 더 나은 것은 무엇인가?

230 혹시 이런 주장을 수다쟁이나 난폭한 자가 들으면 오히려 정부의 변경을 바라게 되는 폐단이 생기지 않을까 하고 우려할 필요는 없다. 물론 그런 자들은 그런 주장을 환영하고 동요할 것이다. 하지만 결과는 오히려 그들만 파멸할 따름이다. 그 폐해가 충분히 커져 지배자의 나쁜 의도가 노골적으로 드러나고 많은 사람들이 그 음모를 알게 될 때까지, 국민은 저항을 통해 권리를 되찾기보다는 고통을 견디려는 성향이 강하다. 국민은 쉽게 움직이려 하지 않는다. 여기저기서 불운한 사람이 부정이나 억압을 당하는 개별적인 사례들만으로는 국민을 움직이지 못한다. 그러나 국민의 자유를 저해하려는 음모가 진행되고 있다는 것이 명시적 증거에 의거해 보편적으로 확실해진다거나, 사태의 전반적 과정과 경향이 지배 집단의 사악한 의도를 의심케 하기에 충분하다면, 그 책임은 누가 져야 할까? 피할 수 있었던 의혹을 스스로 사게 된 사태를 누가 바

로잡을 수 있을까? 국민이 합리적 사고방식을 가졌다면 지금까지 알고 느끼게 된 것과 다르게 생각할 수는 없다면서 국민을 비난해야 할까? 그보다는 사태를 있는 그대로 보지 못하게 하는 상황으로 몰고 간 지배자의 잘못이 아닐까? 솔직히 말하면, 일반인의 자존심, 야망, 난폭함이 간혹 국가의 커다란 혼란을 빚은 경우도 있고, 파벌이 국가와 왕국에 치명적인 결과를 초래한 경우도 있다. 그러나 국민의 방종과 지배자의 적법한 권위를 거부하려는 자세에서 비롯된 폐해가 더 많은지, 아니면 국민에게 전횡적 권력을 행사하려는 지배자의 오만에서 비롯된 폐해가 더 많은지, 바꿔 말해 처음으로 혼란을 유발한 것이 억압이었는지 불복종이었는지에 관한 것은 공정한 역사의 판단에 맡기고자 한다. 내가 확신하는 것은 단지, 지배자든 국민이든 무력으로 군주나 국민의 권리를 침해하고 정당한 정부의 제도와 기틀을 전복시키려 한다면 그것은 인간이 저지를 수 있는 최악의 범죄로 볼 수 있다는 점이다. 그런 자는 유혈 사태, 약탈, 파괴 등 정부의 붕괴가 한 나라에 가져오는 온갖 해악에 책임을 져야 한다. 또한 그런 자는 공동의 적이자 인류의 해충으로 간주되어 그에 합당한 대우를 받아야 한다.

231 내국인이나 외국인이 무력으로 국민의 재산을 침해할 경우 무력 저항으로 맞설 수 있다는 것은 누구나 동의한다. 하지만 위정자가 똑같은 짓을 할 경우 무력 저항으

로 맞서는 것은 최근 들어 거부되고 있다. 마치 법에 의해 최대의 특권과 이권을 누리는 자가 동포들보다 더 높은 지위를 갖게 해준 바로 그 법을 위반할 권력을 가지는 것과 같다. 그러나 그런 자는 법에 의해 많은 것을 누리는 데 대해 감사할 줄 모르는 데다 동포들이 부여한 권력의 위탁마저 저버렸다는 점에서 죄가 더욱 무겁다.

232 사회에서 법과 무관하게 무력을 사용하는 모든 사람이 그렇듯이, 권리 없이 무력을 사용하는 사람은 그 무력의 대상과 전쟁 상태에 들어가게 된다. 전쟁 상태에서는 예전의 모든 연계가 취소되고, 다른 모든 권리가 중지되며, 각자 자신을 지키고 공격자에 저항할 권리를 가진다. 이것은 자명한 사실이다. 그래서 국왕의 권력과 신성함을 강력히 지지했던 바클리Barclay(왕권신수설의 토대를 닦은 16세기 스코틀랜드의 법학자: 옮긴이) 같은 사람도 때로는 국민이 왕에게 저항하는 게 합법적이라고 시인할 수밖에 없었다. 그것도 신의 법은 국민에게 일체의 반란을 허용하지 않는다는 것을 보여주려는 장에서 그렇게 말하고 있다. 그것으로 바클리 자신의 이론에 따른다 해도, 국민은 때로 저항할 수 있기 때문에 군주에 대한 모든 저항이 반란은 아니라는 사실이 자명해진다. 그의 주장은 이렇다.

Quod siquis dicat, Ergone populus tyrannicae crudelitati et furori jugulum semper praebebit? Ergone multitudo civitates suas fame, ferro, et flammâ vastari, seque, conjuges, et liberos fortunae ludibrio et tyranni libidini exponi, inque omnia vitae pericula omnesque miserias et molestias à rege deduci patientur? Num illis quod omni animantium generi est à naturâ tributum, denegari debet, ut sc. vim vi repellant, seseque ab injuria tueantur? Huic breviter responsum sit, Populo universo negari defensionem, quae juris naturalis est, neque ultionem quae praeter naturam est adversus regem concedi debere. Quapropter si rex non in singulares tantum personas aliquot odium exerceat, sed corpus etiam reipublicae, cujus ipse caput est, i. e. totum populum, vel insignem aliquam ejus partem immani et intolerandâ saevitiâ seu tyrannide divexet ; populo quidem hoc casu resistendi ac tuendi se ab injuriâ potestas competit ; sed tuendi se tantum, non enim in principem invadendi : et restituendae injuriae illatae, non recedendi à debitâ reverentiâ propter acceptam injuriam. Praesentem denique impetum propulsandi non vim praeteritam ulciscendi jus habet. Alterum vero contra naturam, ut inferior de superiori supplicium sumat. Quod itaque populus malum, antequam factum sit, impedire potest, ne fiat : id postquam factum est, in regem authorem sceleris vindicare non potest : populus igitur hoc amplius quam privatus quispiam habet : quod huic, vel ipsis adversariis judicibus, excepto Buchanano, nullum nisi in patientia remedium superest. Cùm ille si

intolerabilis tyrannus est (modicum enim ferre omnino debet)
resistere cum reverentiâ possit.

_바클리, 《모나르코마코스에 대한 반박》, 3권, 8장

위 내용을 번역하면 다음과 같다.

233 하지만 이렇게 묻는 사람도 있을 것이다. 그렇다면
인간은 항상 잔인하고 난폭한 전제의 위험에 노출되어
야 한다는 것인가? 도시가 약탈되어 잿더미로 변하고,
처자식이 전제자의 탐욕과 분노에 희생되고, 자신과 가
족이 왕에 의해 파멸하고, 억압의 온갖 재앙과 곤궁을
당하면서도 참고 견뎌야만 하는가? 자연은 다른 모든 생
물에게 위해로부터 스스로를 보호하는 자유를 부여하는
데, 오직 인간만은 무력에 무력으로 대항하는 보편적 특
권을 누리지 못한다는 말인가? 내 대답은 이렇다. 자기
방어는 자연법에 속한다. 왕을 겨냥한 것이라 해도 자기
방어의 권리는 부정되지 않는다. 하지만 왕에게 보복하
는 것은 자연법으로도 허용되지 않는다. 만약 왕이 특
정한 사람이나 심지어 자신이 수장으로 있는 국가 전체
에 적의를 드러내고, 국가 전체나 국민의 상당 부분에
게 심한 학정과 잔인한 전제를 가한다면, 국민은 그에
저항하고 자신을 위해로부터 방어할 권리를 가진다. 그
러나 그 경우에도 국민은 자신을 방어할 수 있을 뿐 군

주를 공격해서는 안 된다는 점에 유의해야 한다. 국민은 자신이 입은 피해를 보상받을 수 있으나 온당한 존경과 존중의 범위를 넘어서까지 도발하면 안 된다. 당면한 공격을 물리칠 수는 있어도 과거의 폭력에 대해 보복하면 안 된다. 자신의 생명과 신체를 지키는 것은 우리 자연의 이치에 맞지만, 하급자가 상급자를 징벌하는 것은 자연에 어긋나는 일이기 때문이다. 국민은 자신들에 대한 해악이 실행되기 전에 그것을 방지할 수 있지만, 해악이 저질러진 뒤에는 그 장본인이 왕이라 해도 왕에게 보복해서는 안 된다. 그것은 한 개인을 넘어 국민 일반의 특권이다. 개인으로서 우리에게는 우리의 적에 대해서도 인내 이외에 다른 해결책이 허용되지 않는다[부캐넌Buchanan(왕권신수설에 반대한 16세기 스코틀랜드의 인문학자: 옮긴이)은 예외다]. 하지만 국민 전체는 참을 수 없는 전제에 대해 존경심을 유지하면서 저항할 수 있다. 그래도 전제가 그리 심하지 않을 때는 참아야 한다.

234 이와 같이 왕권의 강력한 지지자도 저항권을 인정하고 있다.

235 그는 두 가지 단서를 달았으나 그것은 아무 소용도 없다.

첫째, 그는 존경심을 유지하면서 저항해야 한다고 말한다.

둘째, 그는 보복이나 징벌이 없어야 한다고 말한다. "하급자가 상급자를 징벌할 수는 없다”는 것이다.

첫째, 반격하지 않으면서 어떻게 무력에 저항할 수 있을까? 또 존경심을 품고서 어떻게 타격을 가할 수 있을까? 이 문제를 해명하려면 상당히 골머리를 앓아야 할 것이다. 타격을 막아내는 방패만 가지고 공격에 대항하거나, 칼을 들지 않고 존경의 자세를 보여 공격자의 자신감과 힘을 누그러뜨리려 한다면 이내 막다른 골목에 봉착할 것이다. 그런 방어는 오히려 더 심한 침탈을 부를 뿐임을 깨닫게 될 것이다. 이것은 유베날리스Juvenalis(1세기 로마의 풍자시인: 옮긴이)가 어리석은 싸움 방식이라고 말한 것과 같다. “ubi tu pulsas, ego vapulo tantum(네가 때려도 난 맞기만 하겠다).” 그는 그런 싸움의 결과가 뻔하다고 말한다.

Libertas pauperis hæc est :

Pulsatus rogat, et pugnis concisus, adorat,

Ut liceat paucis cum dentibus inde reverti.

가난한 자의 자유란 이럴지니,

매를 맞으면서도 싸움이 어서 끝나기만을 바라고

이 몇 개라도 남겨달라고 애원할 뿐.

반격을 가하지 못하는 저항을 상상해보면 늘 이런 식일 것이다. 그러므로 저항하는 사람은 반격이 허용되어야 한다. 앞의 저자든, 아니면 다른 어떤 사람이든, 어디 한번 존경과 존중을 유지하면서 상대의 머리를 후려갈기거나 얼굴을 칼로 베어보라. 타격과 존경을 조화시킬 수 있는 사람은, 내가 아는 한 어디서든 그 노력에 대한 대가로 정중하고 존경 어린 곤봉 세례를 받게 될 것이다.

둘째, "하급자가 상급자를 징벌할 수는 없다"는 말은 일반적으로 상급자의 입장에서 보면 사실이다. 그러나 무력으로 무력에 저항하는 것은 서로 동등한 관계에서 전쟁 상태에 들어가는 것이므로 종전의 존경, 존중, 우위 같은 관계는 다 효력을 잃는다. 그래도 양측의 차이가 있다면, 부당한 공격자에 대항하는 사람은 싸움에서 승리할 경우 적을 징벌하는 권리를 가진다는 점이다. 공격자는 평화를 깨뜨린 데다 그로 인해 발생한 모든 해악에 책임이 있기 때문이다. 그래서 바클리는 다른 대목에서 일관성을 찾으려 애쓰면서, 어떤 경우에도 왕에게 저항하는 것은 불법이라고 주장한다. 하지만 그는 왕이 스스로 물러나는 경우를 두 가지로 제시한다. 그의 말은 다음과 같다.

Quod ergo, nulline casus incidere possunt quibus populo sese erigere atque in regem impotentius dominantem arma capere et invadere jure suo suâque authoritate liceat? Nulli certe quamdiu rex manet. Semper enim ex divinis id obstat, Regem honorificato ; et qui potestati, resistit,

Dei ordinationi resistit : non aliàs igitur in eum populo potestas est quam si id committat propter quod ipso jure rex esse desinat. Tunc enim se ipse principatu exuit atque in privatis constituit liber : hoc modo populus et superior efficitur, reverso ad eum sc. jure illo quod ante regem inauguratum in interregno habuit. At sunt paucorum generum commissa ejusmodi quae hunc effectum pariunt. At ego cum plurima animo perlustrem, duo tantam invenio, duos, inquam, casus quibus rex ipso facto ex rege non regem se facit et omni honore et dignitate regali atque in subditos potestate destituit ; quorum etiam meminit Winzerus. Horum unus est, Si regnum disperdat, quemadmodum de Nerone fertur, quod is nempe senatum populumque Romanum, atque adeo urbem ipsam ferro flammaque vastare, ac novas sibi sedes quaerete, decrevisset. Et de Caligula, quod palam denunciarit se reque civem neque principem senatui amplius fore, inque animo habuerit interempto utriusque ofdinis electissimo quoque Alexandriam commigrare, ac ut populum uno ictu interimeret, unam ei cervicem optavit. Talia cum rex aliquis meditatur et molitur serio, omnem regnandi curam et animum ilico abjicit, ac proinde imperium in subditos amittit, ut dominus servi pro derelicto habiti dominium. 236 Alter casus est, Si rex in alicujus clientelam se contulit, ac regnum quod liberum à majoribus et populo traditum accepit, alienae ditioni mancipavit. Nam tunc quamvis forte non eâ mente id agit populo plane ut incommodet : tamen quia quod praecipuum est regiae dignitatis amisit, ut summus scilicet in regno secundum Deum sit, et solo Deo inferior, atque populum etiam totum ignorantem vel invitum, cujus libertatem sartam et tectam conservare debuit, in alterius gentis ditionem et postestatem dedidit ; hâc velut quadam regni ab alienatione efficit, ut nec quod ipse in regno imperium habuit retineat, nec in eum cui collatum voluit, juris quicquam transferat ; atque ita eo facto liberum jam et suae potestatis populum relinquit, cujus rei exemplum unum annales Scotici suppeditant.

_바클리, 《모나르코마코스에 대한 반박》, 3권, 16장

위 내용을 번역하면 다음과 같다.

237 그렇다면 국민이 정당하게, 자신의 권한에 의해 무기를 들고 자신을 지키며 오만하게 권력을 휘두르는 왕을 공격하는 경우는 있을 수 없는 것인가? 왕이 왕으로 존재하는 한 그런 일은 불가능하다. '왕을 존대하라', '권세를 거스르는 자는 하나님의 명을 거스름이니' 같은 말은 왕에 대한 공격을 용납하지 않겠다는 신의 계시다. 그러므로 국민은 왕이 왕으로서 하지 못할 일을 하지 않는 한 왕에게 권력을 행사할 수는 없다. 왕의 신분에 걸맞지 않은 일을 저지를 경우 왕은 왕관과 위엄을 잃고 한 개인의 지위로 전락하며, 국민은 자유를 얻고 우위에

서게 되며, 왕이 왕위에 오르기 전 공위 기간에 가졌던 권력을 되찾게 된다. 하지만 이런 사태까지 갈 만큼 큰 실책은 거의 드물다. 모든 면에서 고찰한 결과 나는 그런 경우를 단 두 가지밖에 찾지 못했다. 왕이 사실상 왕으로서의 자격을 상실하고 국민에 대한 모든 권력과 권한을 잃는 경우다. 이 점은 윈저러스Winzerus(16세기 스코틀랜드 사제인 Winzet의 라틴식 이름: 옮긴이)도 주목한 바 있다.

첫째는 왕이 정부를 전복시키는 경우, 다시 말해 왕국과 국가를 파괴하려는 의도와 계획을 가진 경우다. 네로에 관한 기록에 따르면, 그는 로마의 원로원과 국민을 모조리 제거하고 로마 시를 불과 칼로 파괴한 다음 다른 곳으로 옮길 작정이었다고 한다. 또한 칼리굴라는 국민이나 원로원의 수반이라는 자리를 포기하고 두 계급의 가장 존경받는 인물들의 목을 자른 뒤 알렉산드리아로 은거하겠다는 생각을 공공연히 밝혔다. 심지어 그는 국민 전체의 목이 단 하나뿐이라면 한칼에 잘라버릴 수 있으니 얼마나 좋겠느냐고 말했다. 왕이 그런 계획을 구상하고 진지하게 추진한다면, 국가에 관한 모든 관심과 배려를 포기한 것이며, 따라서 신민을 다스리는 권력도 잃게 된다. 노예 주인이 노예를 버리면 노예에 대한 지배권도 상실하는 것과 마찬가지다.

238 또 다른 경우는 왕이 타국에 스스로 종속되어, 조상들

이 물려주고 국민이 자발적으로 위탁한 왕국을 타국의 지배에 예속시키는 상황이다. 설령 왕이 국민에게 피해를 주는 것을 의도하지 않았다 해도 마찬가지다. 그렇게 함으로써 왕은 왕권의 주요한 부분, 즉 자기 왕국에서 신에게 버금가는 지위를 잃었으며, 세심하게 보호해야 할 국민의 자유를 저버리고, 국민을 핍박하고 외국의 권력과 지배 아래 복속시켰기 때문이다. 이렇게 자신의 왕국을 남에게 양도하면 왕은 예전에 가졌던 권력을 잃지만, 그렇다고 해서 왕국을 넘겨준 상대방에게 권리마저 양도되는 것은 아니다. 그러므로 그런 사태가 벌어질 경우 국민은 자유와 권리를 되찾게 된다. 이런 사례는 《스코틀랜드 연대기》(스코틀랜드 역사를 서술한 Wyntoun의 15세기 저서와 Holinshed의 16세기 저서 중 하나를 가리키는 듯하다: 옮긴이)에서 한 가지를 찾을 수 있다.

239 이런 두 가지 경우가 있으므로, 절대군주제를 강력히 옹호한 바클리도 왕에게 저항할 수 있고 왕이 자리에서 물러날 수 있다는 사실을 인정하지 않을 수 없었다. 많은 사례를 제시할 필요도 없다. 어떤 경우든 왕이 권위를 잃으면 왕이 아니며 저항을 받을 수도 있다. 권위가 사라지면 왕도 더 이상 왕이 되지 못하고 평범한 사람과 같아진다. 바클리가 제시한 두 가지 경우는 내가 앞에서 말한 정부가 파괴되는 경우와 거의 다를 바 없다. 다만 그는 자기 이론의 근거가 되는 원리를 생략했을 뿐이다. 그 원리란

바로 위탁의 위배, 즉 왕이 합의된 정부 형태를 보존하지 않고 공익과 재산 보호라는 정부 자체의 목적을 도모하지 않았다는 것이다. 왕이 스스로 자리에서 물러나 국민과 전쟁 상태에 들어간다면, 국민이 전쟁 상태를 유발하는 다른 사람의 경우처럼 왕이 아닌 그를 공격하지 못할 이유가 무엇인가? 바클리나 그와 견해를 같이하는 사람들은 우리에게 대답해야 할 것이다. 나아가 나는 바클리의 다음과 같은 주장에 대해서도 그의 대답을 듣고 싶다. "국민은 자신들에 대한 해악이 실행되기 전에 그것을 방지할 수 있다." 그의 이 말은 학정이 음모 단계에 있을 때는 저항이 허용된다는 뜻이다. "왕이 그런 계획을 구상하고 진지하게 추진한다면, 국가에 관한 모든 관심과 배려를 포기한 것이다." 그러므로 바클리에 의하면 공익을 저버리는 것은 그런 음모의 증거로, 혹은 적어도 저항의 충분한 명분으로 간주할 수 있다. 그 이유는 바로 그가 밝히고 있다. "세심하게 보호해야 할 국민의 자유를 저버리고, 국민을 핍박했기 때문이다." 그는 여기서 "외국의 권력과 지배 아래"라는 문구를 덧붙이지만, 이것은 의미 없는 말이다. 왕이 저지른 잘못과 왕위의 상실은 그가 보호해야 할 국민의 자유를 잃었다는 점에 있는 것이지, 국민을 지배하는 인물이 바뀌었다는 점에 있지 않기 때문이다. 왕에게 노예가 되었든 외국에게 노예가 되었든 국민의 권리가 침해되고 자유가 상실된 것은 다를 바 없다. 이것이 곧 국민이 입은 위해이며, 국민은 그것에 대해 방어의 권리를 가지는 것이다. 이런 사례는 어느 나라에나 있다. 국민을 분노하게 하는 것은 지배자의 국적이 바뀌었다는 사실이 아니라 정부가 바뀌었다는 사실이다. 내 기억이 옳다면, 군주의 권력과 특권을 줄기차게 옹호하는 이 나라 교회의 주교인 빌슨Bilson(왕권신수설을 주장한 16세기 영국의 주교: 옮긴이)은 그리스도교도의 복종을 다룬 논문에서 군주도 권력과 백성의 복종을 요구할 자격을 잃을 수 있다는 사실을 인정한다. 이렇게 명백한 문제에 관해 전거가 필요하다면 브랙턴Bracton(법을 왕권보다 앞세운 13세기 영국의 법학자: 옮긴이), 포테스큐Fortescue(법이 왕권의 근거가 된다고 본 15세기 영국의 법학자: 옮긴이), 《거울》(14세기 초 정치, 법, 도덕을 다룬 우화집 《정의의 거울》을 가리킨다: 옮긴이)의 저자 등 우리 정부에 관해 무지하거나 적대적이라고 볼 수 없는 사람들의 글을 읽어보라. 하지만 나는 후커 하나만으로도 충분하다고 본다. 사람들은 교회 정치에 관해서는 그에게 의지하면서도 그가 내세우는 원칙은 부인하는 묘한 태도를 보이고 있다. 약삭빠른 사람들이 후커의 원칙을 도구로 사용하면 오히려 그자신의 논지가 무너지는 경우가 있는데, 그 점에 관해서는 당사자가 가장 잘 알 것이다. 그들의 사회 정책은 예전 같으면 입에 올리기도 어려울 만큼 새롭고 위험했으며, 지배자와 국민에게 모두 파괴적이다. 따라서 아무쪼록 후대 사람들은 그 이집트 공사 감독들이 지운 부담(이집트 인들이 이스라엘 인들에게 노역을 시킨 구약성서의 이야기를 가리킨다: 옮긴이)에서 벗어나 그런 비굴한 아첨꾼의 기억을 혐오하게 되기를 바라는 마음이다. 그들은 자기들에게 도움이 된다고 여겨지면 모든 정부를 절대적 전제로 바꿔버리고 모든 사람을 태어날 때부터 노예로 만들고자 한다. 실은 바로 그들이야말로 노예에 어울리는 비열한 자들이다.

240 여기서 한 가지 평범한 의문을 제기할 수 있다. "군주나 입법기구가 위탁에 어긋나게 행동하는지를 누가 판단하는가?" 물론 군주가 정당한 왕권을 행사하고 있다면, 그런 의문은 불만과 파벌주의에 물든 사람들이 국민들에게 퍼뜨리는 것일지도 모른다. 나는 이렇게 대답한다. "국민이 판단할 것이다." 군주의 측근이나 부하가 처신을 잘하고 있는지, 주어진 위탁에 따라 제대로 행동하고 있는지 판단할 사람이라면, 그에게 권한을 위임했고 그랬기 때문에 그가 위탁에 어긋나면 그를 해임할 수 있는 권력을 가진 사람 이외에 또 누가 있겠는가? 이것이 개인의 특별한 경우에 적용된다면, 수백만 명의 복지가 걸린 중대한 사안, 혹은 막지 않고 놔두면 대단히 곤란하고 값비싸고 위험한 대가를 치를 만한 중대한 해악이 연관된 사안에도 적용되지 않을 이유가 무엇인가?

241 하지만 "누가 판단하는가?"라는 의문은 재판관이 아예 없다는 뜻이 아니다. 인간 사회에서 벌어지는 분쟁을 판결할 재판관이 세속에 없다면 하늘의 신이 판단한다. 오

직 신만이 정의를 판단할 수 있다. 그러나 다른 경우에도 그렇듯이 이 경우에도 모든 사람은 자신에 대한 재판관이다. 다른 사람이 나와 전쟁 상태에 들어갔는지, 혹은 입다가 그랬듯이 최고 재판관에게 호소해야 할 것인지에 대한 판단은 바로 자신의 몫이다.

242 법에 명시적으로 규정되지 않았으나 중요한 결과를 빚을 수 있는 사안과 관련해 군주와 일부 국민 사이에 분쟁이 발생할 경우가 있다. 그럴 때 적합한 심판은 국민 전체다. 군주는 권력의 위탁을 받았고 일상적인 법의 지배로부터 면제되어 있다. 그런데 권리를 침해당했다고 여기는 사람이 군주가 위탁에 어긋나게 행동한다고 생각한다면, 그 위탁의 범위가 어디까지인지를 판단하는 데 (처음에 군주에게 권력을 위탁한) 국민 전체만큼 적합한 심판이 또 어디 있겠는가? 그러나 군주나 행정을 맡은 사람이 그런 식의 결정을 거부한다면, 결국 하늘에 호소할 수밖에 없다. 세속에서 누가 우월한지 명확하지 않고 세속의 판결에 호소하기를 거부하는 사람들 간에 발생하는 무력 충돌은 곧 전쟁 상태이며, 이럴 때는 하늘에 호소하는 것 외에 방책이 없다. 전쟁 상태에서 피해를 입은 측은 언제 하늘에 호소하는 것이 적절한지 스스로 판단해야 한다.

243 이제 결론을 내려보자. 모든 개인이 사회를 이루면서 사회에 부여하는 권력은 사회가 존속하는 한 다시 개인에게 반환되지 않고 내내 공동체에 귀속된다. 그렇지 않으

면 공동체와 국가가 존립할 수 없으며, 원래의 합의에 어긋나기 때문이다. 그러므로 사회가 입법권을 특정한 사람들에게 부여하고 그들과 그 후계자들이 계속 지휘권과 권위를 가질 수 있도록 허용하면, 입법권은 정부가 존속하는 한 다시 국민에게 반환되지 않는다. 입법기구에 영속적인 권력을 내준 것은 정치권력을 영구히 양도한 것이기 때문이다. 하지만 국민이 입법권의 지속 기간에 제약을 두었거나 그 최고 권력을 어느 개인이나 집단에게 일시적으로만 부여했을 경우, 혹은 그 권력을 가진 측의 잘못으로 인해 권력이 상실되었을 경우, 상실되거나 기한이 종료된 권력은 사회로 반환되고 국민이 다시 최고 권력자의 권리를 되찾게 된다. 그럴 경우 국민은 스스로 판단해 자체적으로 입법권을 보유하거나, 새 입법기구를 설치하거나, 종전 체제를 그대로 두고 인물만 교체할 수 있다.

지금 고전이 필요한 이유

고전은 오랜 세월 동안 의미와 향기가 퇴색하지 않은 문헌을 가리킨다. 쉽게 말해 '오래되었으나 좋은 책'이라는 뜻이다. 하지만 고전은 대부분 수백 년 전 다른 환경에서 생겨난 문헌이기 때문에 '지금 여기'와는 시공간적 차이가 크다. 바로 이 점에 고전 읽기의 특징이 있다.

모든 고전은 이중적 독해가 가능하다. 한편으로 고전은 '오래된 책'이기에 역사서와 같은 성격을 가진다. 그러나 다른 한편으로는 '좋은 책'이기에 지금 여기와 무관하면 안 된다. 무릇 고전이라면 이 두 가지 측면을 다 갖추고 있겠지만, 독해하는 데 따라서는 어느 측면이 특별히 더 부각될 수도 있다.

예컨대 카를 마르크스의 《자본론》은 자본주의의 원리와 초기 발전 과정을 다룬 고전이다. 이 고전은 지금의 자본주의를 이해하는 데도 도움을 줄 수 있을까? 아니면 자본주의의 기원과 초기의 상황에만 관련된 문헌일까? 전자의 입장에 선다면 《자본론》은 지금도 그 내용이 유효한 '경제서'

가 되며, 후자의 입장에 선다면 내용은 탈색되고 고전의 향기만 남은 '역사서'로 봐야 한다. 경제서로 본다면《자본론》의 경제학적 '이론'에 주목해야 할 것이고, 역사서로 본다면《자본론》의 역사적 · 해방적 '정신'을 이어받아야 할 것이다.

존 로크의 17세기 저작인 이 책도 고전의 그 두 가지 측면을 가지며, 두 가지 독해법을 제시하고 있다. 그렇다면 의회민주주의 초창기의 기본 원리를 말해주는 로크의 이 고전을 우리는 역사서로 읽어야 할까, 아니면 정치학 문헌으로 읽어야 할까? 바꿔 말해 이 책에서 고전의 향기를 취할 것인가, 아니면 정치 이론을 취할 것인가?

상식적으로 본다면 이 책은 일반적인 고전의 하나가 되어야 할 것이다. 17세기에 영국에서 의회민주주의가 처음 탄생할 때 초기 민주주의 사상가들이 어떤 고민을 했는지 말해주는 역사적 기념비로 간주해야 할 것이다. 하지만 지금 우리에게 이 책은 그런 의미보다 의회민주주의의 원리와 이론을 다룬 사회과학 문헌으로 다가온다.

지금 우리에게 로크의 고전이 단순한 고전에 그치지 않는다는 것은 어찌 보면 불행한 일이다. 시간적으로도 300여 년이나 지났고 공간적으로도 우리와 먼 유라시아 대륙의 서쪽 끝자락을 무대로 한 고전이 지금 우리에게 그냥 고전이 아니라 중요한 '이론서'의 구실을 한다면 도대체 지금까지 우리는 뭘 한 걸까?

혁명의 시대

로크가 살았던 시대는 가히 혁명의 시대였다. 그가 어린 시절에는 내란이 벌어지고, 청교도혁명으로 국왕이 처형당하고, 크롬웰의 독재가 이어졌다. 그가 성장했을 무렵 왕정복고가 이루어졌어도 평화와 안정은 오지 않았다. 가톨릭 국왕의 신교 탄압으로 해묵은 종교 대립이 재연되며 영국의 몸살은 그치지 않았다. 게다가 당시에는 유럽 대륙에서도 대규모 국제전이 벌어졌고, 프랑스의 루이 14세가 패권주의 노선으로 나서면서 국제적 암투와 긴장이 끊임없이 고조되었다.

민주주의는 피를 먹고 자란다고 했던가? 실은 성장만이 아니라 탄생부터 민주주의는 피와 함께했다. 한 세기 가까이 지속된 영국의 진통은 결국 세계 최초의 의회민주주의 국가를 낳기 위한 산고였다. 의회와 왕권의 오랜 대립은 1688년 명예혁명으로 의회가 최종 승리를 거두면서 해소되었고, 마침내 "왕은 군림하되 통치하지는 않는다"는 입헌민주주의의 원칙이 구현되었다.

의회가 집권하자 그 지지 세력인 부르주아지가 산업혁명을 주도했고 그 덕분에 영국의 자본주의가 꽃을 피우게 되었다. 의회민주주의의 경제적 표현은 자본주의였고, 자본주의의 정치적 표현은 의회민주주의였던 것이다. 이 정치·경제적 첨단의 무기로 무장한 영국이 이후 세계 최강국으로 떠오른 것은 근현대 역사가 말해준다.

역사적으로 더 잘 알려진 시민혁명은 한 세기 뒤에 일어난 프랑스대혁명이지만, 그것은 당시 유럽에서 프랑스의 위상이 그만큼 컸기 때문일 뿐, 시기로 보나 의의로 보나 더 중요한 것은 17세기 영국의 시민혁명이다. 로크는 바로 그 역사적 현장에서 그 시대의 고민을 함께했다. 그 결과물이 바로 이 책이다.

의회민주주의의 관념

17세기 영국에서 싹이 트고 18세기 프랑스에서 꽃이 핀 민주주의는 이후 대서양 건너 아메리카에서 열매를 맺었다. 봉건제와 낡은 왕정의 유럽적 전통에서 자유로웠던 미국의 건국자들은 처음부터 공화정으로 국가를 출범시킬 수 있었다. 하지만 공화정보다 더 주목해야 할 것은 독립과 건국의 과정을 의회(대륙회의)가 주도했다는 사실이다.

오늘날 미국은 대통령중심제를 취하는 대표적인 국가로 간주되지만, 그런 미국을 성립시키고 대통령을 탄생시킨 것은 바로 의회였다. 그래서 의회민주주의 관념의 초석을 놓은 로크는 생전에 이미 영국에서도 권위를 누렸지만, 죽은 뒤에는 미국에서 더 큰 존경을 받았다. 미국은 로크의 사상이 가장 완벽하게 구현된 결정체다.

　인간이 자연 상태에서 벗어나 사회를 형성했다고 보는 점에서 로크는 한 세대 전의 홉스와 견해를 같이한다. 그러나 결론은 정반대로, 강력한 왕권을 주장한 홉스와 달리 로크는 의회를 최고 권력체로 보았다. 그 이유는 출발점인 자연 상태의 의미가 서로 반대였기 때문이다. 같은 용어를 홉스는 '만인의 만인에 대한 투쟁', 즉 개인들의 이기주의가 만연한 어지러운 상태로 본 반면, 로크는 모든 개인이 이성을 가지고 자유롭게 행동하는 상태로 보았다. 따라서 홉스에게서도 사회계약의 관념이 있지만, 홉스는 이기주의를 극복하기 위해 사회계약이 필요하다고 역설한 반면, 로크는 개인이 자발적인 의지로 기본권의 일부를 사회에 위임한 결과가 사회계약이라고 말한다.

　우리 사회는 미국처럼 대통령중심제를 정치 제도로 취한 탓에 흔히 빠지기 쉬운 착각이 있다. 정치의 중심을 행정부로 여기는 태도가 그것이다. 행정부의 주요 기능이 권력 행사이기에 그렇게 보기 쉽지만, 로크에 의하면 의회민주주의의 발생부터 정치의 중심은 의회였고 그 점은 지금도 달라지지 않았다. 행정부가 행사하는 권력은 바로 의회가 부여한 것이기 때문이다.

로크는 입법권을 최고 권력으로, 입법기구를 최고의 권력 기구로 보았다. 그 이유는 바로 입법권이 국민에게서 나오기 때문이다. 다만 지금처럼 국가기구가 복잡하지 않았던 시대였기에 그는 입법기구, 즉 의회가 반드시 상설 기구일 필요는 없다고 여겼다. 그래서 의회가 소집되지 않은 기간에는 국민이 위임한 권력을 집행 기구, 즉 행정부가 담당해야 했다. 바꿔 말하면 행정부는 어디까지나 의회를 대신하는 기능이었다. 국민이 의회에 권력을 위임하고, 그 권력을 의회가 행정부에 위임한 것이다.

지금 우리에게 로크가 말하는 것

정치의 중심을 행정부로 여기는 태도는 사실 역사적 산물이다. 수천 년 동안 왕조 체제였다가 불과 수십 년 전 의회민주주의 체제가 외부로부터 이식된 탓에, 지금도 우리에게는 의회가 아니라 행정부가 정치권력을 소유한다는 의식이 여전히 자리 잡고 있다. 왕조 시대에는 권력이 근본적으로 국민에게서 나온다는 발상 자체가 없었고, 정치기구 역시 행정부만 있었을 뿐 의회는 없었기 때문이다(우리 사회만이 아니라 20세기까지 왕조 시대의 역사를 가져온 나라들은 거의 다 의회의 진정한 의미를 알지 못하고 있다).

그 정치적 폐해는 여러 가지로 나타난다. 이따금 신문 보도에서 의회가 정부에 관여할 때 정부가 간섭이나 월권이라고 주장하는 것을 보는데, 이는 의회민주주의의 기본을 알지 못하는 데서 나온 어불성설이다. 정부가 행사하는 집행권, 즉 정치권력이 애초에 의회에서 위임된 것이라고 보면 그런 주장은 원리적으로 불가능하기 때문이다. 원리적으로 보나, 역사적으로 보나 의회는 정부를 통제하고 간섭할 권리를 처음부터 가지고 있었다. 정부가 의회의 간섭을 침해라고 여긴다면 그것은 권력이 국민에게서 나온다는 민주주의의 근간을 부정하는 태도다.

또한 우리 사회 특유의 '당론'이라는 해괴한 용어도 의회와 민주주의의 기본 원리에 어긋난다. 의회의 의원들은 개개인이 다 국민에게서 최고 권력을 위임받은 개별적인 입법 기구다. 그럼에도 불구하고 이른바 당론에 따라 의원이 거수기와 같은 역할로 전락하고 그런 시정잡배의 패거리 방식으로 주요한 입법과 정책이 결정되는 것은 의회와 민주주의의 진정한 의미를 알지 못하는 데서 나온 무지의 소산이다.

이 견해에 반대하는 사람들은 마치 군주가 애초부터 공동체의 이익과는 다른 이해관계를 가진 것처럼 말한다. 이것이야말로 왕정에서 발생하는 거의 모든 악과 혼란의 뿌리이자 근원이다. 군주가 그런 존재라면, 왕정의 국민들은 상호 이익을 위해 공동체를 결성하는 합리적인 집단이 되지 못한다. …… 그런 국민들은 주인의 지배를 받아 마땅하며, 지배자의 쾌락이나 이익을 위해 지배자의 뜻대로 조종되는 열등한 무리에 불과하다. 인간이 그런 조건으로 사회를 형성할 만큼 이성이 결여되고 짐승이나 다름없다면, 왕권은 이따금 현실에서도 보듯이 국민에게 위해를 가하는 전횡적인 권력이 되고 말 것이다.

300여 년 전 절대왕정을 비판한 로크의 이 주장은 군주와 왕권을 대통령과 정부로 바꾸면 지금 우리 사회에도 거의 그대로 적용된다. 그래서 지금 우리에게 로크의 고전은 그냥 고전이 아니다.

역사적으로 우리 사회는 왕과 정부를 국가의 '주인'으로 보았으므로 왕과 정부의 권력 행사를 당연하게 여겼다. 그만큼 지배계급의 존재감이 늘 압도적인 역사였다. 국민은 나라의 국민이기 이전에 왕조의 지배를 받는 백성이었다. 그 반면 서양의 역사에서는 의회가 탄생하기 전에도 왕과 정부는 국가의 주인이라기보다 '관리자'의 역할이었다. 그런 역사적 배경이 있었기에 로크의 의회민주주의 사상도 생겨날 수 있었다.

하지만 역사가 그랬다 해도 이왕 다른 시간, 다른 장소에서 생겨난 제도를 도입했다면 제대로 운용해야 할 것이다. 비록 의회가 우리 역사와 사회에서 토착적으로 탄생한 게 아니라 해도 의회민주주의를 채택한 이상 원리에 맞게 올바로 이해하고 실행해야 할 것이다. 그러려면 우선 원론으로 돌아갈 필요가 있다. 그래서 로크의 이 고전은 우리 사회에서 아직도 '정치학 원론'의 교과서로서 가치를 가진다.

학교를 졸업하면 교과서는 필요가 없어진다. 300여 년 전 다른 환경에서 생겨난 이 고전이 그냥 훌륭한 고전으로만 머물게 될 때 우리 사회는 비로소 학교를 졸업하게 될 것이다.

2012년 3월
옮긴이

1632년 8월 29일 영국 서머싯 주의 링턴에서 출생.

1647년 웨스트민스터 학교 입학.

1652년 옥스퍼드 대학 크리스트 처치 칼리지Christ-Church College에 입학.

1656년 학사학위 취득.

1660년 옥스퍼드 대학에서 그리스어 강의.

1662년 옥스퍼드 대학에서 수사학 강의.

1665년 브란덴부르크 대사의 비서로 독일에 머묾.

1667년 애슐리 경의 고문 의사 제의를 받아 애슐리 저택으로 들어
　　　감.

1667년 《관용에 관한 시론》 집필.

1668년 왕립협회 회원으로 임명.

1671년 《인간 오성론》 집필 착수.

1672년 애슐리 경이 섀프츠베리 백작 작위를 받고 대법관에 임명
　　　되어 로크도 성직록 담당 서기에 임명.

1673년 섀프츠베리 백작이 가톨릭에 반대하여 파면됨. 로크 역시
　　　성직록 담당 서기 직위에서 물러남.

1674년 의학 학사학위 취득.

1674년 옥스퍼드에서 의학연구원으로 임명.

1675년 천식으로 정계에서 은퇴한 후 프랑스 몽펠리에에서 휴양
　　　생활을 함.

1679년 4년간의 휴양 생활을 마치고 영국으로 귀국.

1683년 찰스 2세에 대한 혁명이 실패로 돌아가면서 새프츠베리 백작이 네덜란드로 피신하였고, 후에 로크 역시 네덜란드 로테르담으로 피신함.

1684년 왕명에 의해 크리스트 처치 칼리지의 교수직 박탈.

1689년 명예혁명이 성공한 후 메리 공주를 호송하는 배에 동승하여 영국으로 귀국.

《관용에 관한 서한》, 《인간 오성론》, 《통치론》 출간. 《통치론》은 익명으로 출간함.

1693년 《교육에 관한 성찰》 출간.

1695년 《기독교의 합리성》 익명으로 출간.

1696년 무역위원회 감독관으로 임명.

1704년 10월 28일 영국 에식스 주에서 사망.

군중 187

권력 세습 188, 189

권위 5, 25, 52, 53, 61, 63, 65, 70, 71, 79, 81, 85, 117, 118,
    120, 168, 176, 190, 197, 121, 211, 216

노동 31-40, 42-46, 49, 50, 113

노예 상태 27-29, 154, 155, 170

다윗 30, 99, 100

대의제 139, 141

동맹권 128, 130, 131, 136

드로캔서 159

레벨라레 197

레벨란테스 198

로마 데켐비리 178

로버트 필머 27, 58

리바이어던 89

상속권 5, 165, 166

상속자 5, 30, 58, 94, 95, 107, 115, 170

생명 12, 13, 21-24, 28, 29, 34, 62, 63, 65, 78, 111, 119, 121,
152, 154, 163, 164, 168, 183, 184, 187, 193, 205

생명권 153, 160, 161, 162

세금 125, 126

세습 권력 5

세습 귀족 188

소유권 38-40, 42, 46, 50, 75, 123, 157, 161, 164, 165, 169,
171

시민법 86

시민사회 69, 72, 77, 78-87, 91, 155, 187

실정법 17, 33, 55, 57, 75, 80, 88, 114, 117, 130, 140, 145,
150, 151

아담 5, 6, 30, 38, 42, 53, 54, 58, 179

아메리카 19, 40, 42, 44, 49, 61, 83, 91, 95, 97, 165

아벨 41

아브라함 41

아비멜렉 98

암몬 25, 98

존 로크 시민정부

1판 1쇄 발행 2012년 4월 6일
1판 2쇄 발행 2018년 5월 15일

지은이 존 로크
옮긴이 남경태

펴낸이 송영만
디자인자문 최웅림

펴낸곳 효형출판
출판등록 1994년 9월 16일 제406-2003-031호

주소 10881 경기도 파주시 회동길 125-11
전자우편 info@hyohyung.co.kr
홈페이지 www.hyohyung.co.kr
전화 031 955 7600 | 팩스 031 955 7610

ISBN 978-89-5872-111-6 03300
이 책에 실린 글과 그림은 효형출판의 허락 없이 옮겨 쓸 수 없습니다.
값 12,000원

이 도서의 국립중앙도서관 출판예정도서목록(CIP)은 서지정보유통지원시스템
홈페이지(http://seoji.nl.go.kr)와 국가자료공동목록시스템(http://www.nl.go.kr/kolisnet)에서
이용하실 수 있습니다.(CIP제어번호:CIP2012001442)